Heinz Voosen

Als Muscheltaucher um die Welt

Heinz Voosen

Als Muscheltaucher um die Welt

Von Contadora bis Hawaii

ECON Verlag
Düsseldorf · Wien · New York

Meiner Frau Lilo gewidmet –
dem besten Kumpel der Welt

CIP-Titelaufnahme der Deutschen Bibliothek

Voosen, Heinz:
Als Muscheltaucher um die Welt: Von Contadora bis Hawaii /
Heinz Voosen: – Düsseldorf; Wien; New York: ECON Verl.,
1989
ISBN 3-430-19383-4

Gesetzt aus der Garamont d. Fa. Berthold
Satz: Dörlemann-Satz, Lemförde
Papier: Papierfabrik Schleipen GmbH, Bad Dürkheim
Druck und Bindearbeiten: Graf. Betriebe Bercker, Kevelaer
Printed in Germany
ISBN 3-430-19383-4

Inhalt

Vorwort		7
Kapitel 1	Der Einstieg	11
Kapitel 2	Ostatlantik/Mittelmeer *Spanische und französische Biscaya* *Balearen: Ibiza und Formentera* *Portugal* *Italienische und jugoslawische Adria* *Ischia, Kreta, Tunesien, Kanarische Inseln: Lanzarote*	13
Kapitel 3	Westatlantik/Karibik *Antilleninsel Saint Lucia* *Grenadineninseln Carriacou und Sandy Island* *Panamaischer San-Blas-Archipel: die Inseln El Porvenir, Wichubhuala, Nalunega und Corbisky*	30
Kapitel 4	Indopazifik *Seychellen: die Inseln Mahé, Moyenne, Praslin und La Digue*	37
Kapitel 5	Ostpazifik *Die Perlinseln im Panama-Golf: Contadora, Boyarena, Mogo Mogo und Casayeta* *Die kalifornische Insel Santa Catalina*	42
Kapitel 6	Westpazifik *Philippinen: die Inseln Luzon und Mindanao*	53

Mikronesische Marianen: die Inseln Guam und Saipan
Mikronesische Karolinen: Truk-Atoll mit den Inseln Moen, Eten, Dublon und Uman

Kapitel 7 Nordpazifik 67
Hawaii-Archipel: die Inseln Oahu, Maui, Kauai und Hawaii (Big Island)

Kapitel 8 Westatlantik/Mexiko-Golf 77
Florida: die Inseln Merritt Island, Sanibel, Captiva und Keys von Key Largo bis Key West
Die Inseln Dry Tortugas
Bahamas und Bimini Island

Nachbemerkung 96

Anhang Kleines Schnorcheltaucher-Brevier 98

Vorwort

Viele Menschen sind bereits sensibilisiert oder sie werden es in zunehmendem Maße, wenn es um Fragen des Umweltschutzes oder um allgemeine Belange unserer Natur geht. Vor diesem Hintergrund mag ein Buch über das Tauchen nach und das Sammeln von Muscheln und Schnecken der Weltmeere als nicht ganz unproblematisch erscheinen. Ich bin das Risiko bewußt eingegangen, habe mich im achten Kapitel mit der Problematik auseinandergesetzt und überlasse das letzte Urteil dem Leser.

Der vorliegende Erlebnisbericht versteht sich vor allem als Reisebericht und beabsichtigt nicht – auch wenn die detailgenauen Aufnahmen von Muschelschalen und Schneckengehäusen den Eindruck erwecken könnten –, die Reihe der bereits vorhandenen Fachbücher zur Weichtierkunde – Malakologie genannt – fortzusetzen.

Ich möchte den Leser zu eigenen Entdeckungen ermutigen, indem ich aufzeige, daß auch ich keineswegs mit Tauchreisen nach Hawaii oder Mikronesien begonnen habe, sondern mich ganz allmählich vom Badeurlauber über den »Normalschnorchler« zum versierten freien Taucher (ohne Luftflaschen) und Amateurmalakologen entwickeln konnte. Das bedeutete zugleich, daß sich Aufwand und Einsatz zeitlich, ausrüstungsmäßig und damit auch finanziell zunächst in kleinerem bis mittleren Rahmen hielten. Hier ist allerdings ein Bekenntnis anzufügen: Das wachsende Fernweh, die optimalen Tauchbedingungen an den Küsten pazifischer Inseln sowie die von den bizarren Formen und schillernden Farben tropischer Muschelschalen und Schneckengehäuse ausgehende Faszination bewirkten ein schrittweises, aber stetiges Ansteigen meiner Ansprüche an die Qualität meiner Tauchreisen in alle Welt.

In der Frage der Kapiteleinteilung habe ich mich für eine Gliederung nach Ozeanen und Nebenmeeren entschieden. So entfiel ein bei chronologischer Reihenfolge unvermeidbares Hin- und Herspringen über den gesamten Globus. Ich mußte allerdings hin und wieder über Jahre reichende Zeitsprünge in Kauf nehmen.

Zum Schluß möchte ich mich bei jenen Tauchführern, die ich in der einen oder anderen Region in Anspruch genommen habe, für ihr Engagement, ihre wertvolle Unterstützung bei der Suche nach besonderen Raritäten und für manchen Spezialtip aus ihrem reichen Erfahrungsschatz bedanken. Meine dankbare Anerkennung gilt des weiteren dem Fotografen Gerd Hensel, Wuppertal, für seine hervorragenden Studioaufnahmen meiner interessantesten und schönsten Molluskengehäuse und -schalen. Danken möchte ich auch meiner Frau für ihr immerwährendes Verständnis, ihre Geduld, ihren Mut und ihr Mitmachen.

Wuppertal, Juli 1989 HEINZ VOOSEN

Der Laie unterscheidet schwer,
Was Schnecke und was Muschel wär,
Nennt Muschel, was im Meere schwimmt –
Ganz ohne Rücksicht drauf, ob's stimmt.
Was ein Gehäus hat, einen Topf,
Und draus hervorschaut mit dem Kopf,
Ist eine Schnecke; doch, was doppelt
Sich aus zwei Einzelschalen koppelt
Und drin nichts hat als ein Gefluschel,
Ein lappriges: ist eine Muschel.

Eugen Roth, Tierleben, München 1977

Kapitel 1

Der Einstieg

Eine der anschließend an meine Vorträge und Ausstellungen meistgestellten Fragen ist die nach dem Beginn: Wie gelangt man zu einem solchen gewiß nicht alltäglichen Hobby. – Wie wird man Amateurmalakologe?

Mit Sicherheit nichts zu tun hatte meine Beschäftigung mit den Weichtieren, mit meinem ursprünglichen Beruf eines gelernten Handelsmarinekapitäns; ganz im Gegenteil. Während meiner Weltreisen als Kadett auf einem Segelschulschiff und beim späteren Einsatz als Offizier in Geleitzugfahrten im Nordmeer, im Baltikum und an der Kanalküste hatte ich wenig Sinn für das, was da unter dem jeweiligen Kiel am Meeresboden liegen konnte. Mein ganzes Streben war vielmehr darauf gerichtet, über Wasser zu bleiben. Wohl ein verständlicher Wunsch jedes Fahrensmannes – besonders unter den damaligen Umständen!

Während eines Badeurlaubs im September 1970 auf der Baleareninsel Ibiza änderte sich diese Einstellung schlagartig. Als ich zu einem einige Kilometer entfernten Leuchtturm hinausschwimmen wollte, verpaßte mir ein Urlaubsbekannter als Schwimmerleichterung Taucherbrille, Schnorchel, Flossen und ein paar Trainingsstunden. Und dann folgte der erste Blick unter die Wasseroberfläche. Erst war es eine stille, ja etwas beklommene Neugier. Dann wurde Andacht daraus. Sie schlug um in Bewunderung und Begeisterung – und schließlich hatte es mich gepackt und mich bis heute nicht wieder losgelassen. »So etwas kann nicht steigerungsfähig sein«, dachte ich; doch die tropischen Tauchreviere belehrten mich eines Besseren. Jeder, der einmal über Seeschilf- und -tangwälder oder über Korallenbänke hinweggeschwommen ist, wird nachempfinden können, was ich damals gefühlt habe.

Nach kurzer Eingewöhnungszeit begann ich, in Strandnähe nach leeren Muschelschalen zu tauchen, steigerte mich allmählich und wurde erfahrener, mutiger und auch anspruchsvoller. Inzwischen fühle ich mich weltweit an Sand-, Kies- und felsigen Steilküsten und ganz besonders in den Korallenriffen bis zu einer maximalen Tauchtiefe von sieben Metern richtiggehend zu Hause.

Kapitel 2

Ostatlantik/Mittelmeer

Dem Einstieg in die Schnorcheltaucherei 1970 auf Ibiza folgt im Jahr darauf eine Wiederholung am selben Ort mit ausgedehnteren und erfolgreicheren Unterwasserexkursionen. In des Wortes wahrstem Sinne »zu neuen Ufern« geht es dann 1973, als der 6. Kongreß der European Association for Personnel Management (Europäische Personal-Management-Vereinigung) in Lissabon stattfindet und damit Gelegenheit zu einem vorgeschalteten Tauchurlaub an der portugiesischen Westküste geboten wird.

Sesimbra heißt unser Ziel, das wir vom Flughafen Lissabon aus nach knapp einstündiger Taxifahrt erreichen; ein kleines, vom Massentourismus noch nicht erfaßtes Fischerdorf mit zwei Hotels, von denen wir das »Do Mar« für unseren zehntägigen Aufenthalt auswählen. Der zehnstöckige Bau dieses Hotels wurde vom Architekten mit sehr viel Landschaftsverständnis und Einfühlungsvermögen in ein steil zur Küste hin abfallendes Felsmassiv terrassenförmig integriert. Man fährt oben am Haupteingang vor, gelangt zur ebenerdig gelegenen Rezeption, fährt von dort mit einem Aufzug bis zum 5. Stock hinunter, passiert einen längeren Gang und nimmt einen zweiten Aufzug weiter abwärts bis zum 10. Stock, von wo aus man über die Küstenstraße den Strand erreicht. Im 5. Stockwerk findet man inmitten einer Liegewiese einen Swimmingpool, trichterförmig gebaut mit einem oberen Durchmesser von rund fünfzehn Metern, dessen drei Meter breite Röhre mitten in die eine Etage tiefer liegende Bar hineinreicht, wo sie mit ihrer mächtigen Wassersäule eine angenehme Kühle verbreitet. Keine Frage, daß ich in dem engen Schlauch meine inzwischen erheblich verbesserten Tauchkünste erprobe und mehrfach bis zum Poolgrund vorstoße.

Aber zu diesem Zweck bin ich eigentlich nicht hierhergekommen;

mir geht es um den Atlantik, um die Küste, um Muscheln und Schnecken. Am nächsten Morgen zeigt sich bei der Erkundung des Litorals (Uferzone bis etwa 10 Meter Wassertiefe) jedoch sehr schnell, daß hier keine idealen Tauchverhältnisse vorliegen; der Meeresboden fällt außerordentlich flach ab, so daß man stellenweise über fünfzig Meter weit hinausschwimmen muß, bis man den Grund unter den Füßen verliert. Ein derart seichtes Wasser ist auch keineswegs ein idealer Lebensraum für Mollusken. Meine Erwartung, unter diesen Umständen nur leere Muscheln und Schneckengehäuse zu finden, bestätigt sich vollauf.

Andererseits habe ich zu diesem Zeitpunkt noch nicht die leiseste Ahnung von der Pracht und Schönheit tropischer Mollusken. Daher habe ich noch vergleichsweise bescheidene Ansprüche hinsichtlich Größe, Form und Farben. So bin ich auch hochzufrieden, als ich bei meinen ersten Tauchgängen etwa vierzig Meter von der Küste entfernt und in fünf Meter Tiefe einige Muschelschalen der Arten *Rudicardium tuberculatum* (Knotige Herzmuschel) und *Macrocallista chione* (Glänzende Braune Venusmuschel) von sechs bis acht Zentimetern Länge erbeute.

Weniger zufrieden kann ich dagegen mit den Begleitumständen meiner Taucherei sein. Die Bewohner von Sesimbra schlachten permanent Degenfische, deren riesigen Schwärmen ich draußen immer wieder begegne, wobei das Schillern und Glitzern von Hunderten silbriger Fischleiber mich stets aufs neue faszinierte. Die Folge davon ist, daß mir andauernd abgehackte Fischköpfe und andere Abfälle vor dem Fenster meiner Maske herumtreiben; wohl verständlich, daß dieser Anblick abschreckend wirkt und ich mich immer wieder überwinden muß, meine Suche nach größeren und makelloseren Schalen und Gehäusen fortzusetzen. Trotz dieser Erschwernisse gelingt es mir, meine Sammlung um einige gute Exponate aus Portugal zu bereichern.

Für das nächste Jahr, 1974, steht die Adria auf dem Programm. Knapp 2000 Kilometer Autoreise, unterbrochen von einer Übernachtung in Radstadt/Tauern und einer weiteren in Rijeka, liegen hinter uns. Brela, ein kleiner Ort an der Makarska-Reviera in Dalmatien, ist erreicht; man findet ihn auf der Karte rund fünfzig Kilometer südlich von Split und etwa 180 Kilometer nördlich von Dubrovnik. Abgesehen von einem Tagesabstecher nach Dubrovnik, dem alten Ragusa in venezianischer Zeit, markiert Brela den südlichsten Punkt unserer Urlaubsroute an der jugoslawischen Adriaküste.

Es ist Borazeit und so weht ein unangenehmer, ja zuweilen sogar stürmischer Wind. Dennoch gelingt es mir verhältnismäßig rasch, mich an die Eigenheiten der Steilküste mit ihren schroffen Kanten, höhlenartigen Auswaschungen und Spalten, zahllosen vorgelagerten Unterwasserfelsen und den engen Passagen dazwischen zu gewöhnen. Zu gewöhnen auch an die täglich mehrmals zu bewältigenden einhundert Stufen durch den Pinienhain zwischen dem Hotel »Berulia« und dem von Badeurlaubern nicht sehr geschätzten Kiesstrand. Für den Taucher aber ist diese Art Küstenformation ein wahres Eldorado: kein von Badenden aufgewirbelter Sand, kristallklares Wasser, kaum störender Lärm von knatternden Sportbootsmotoren, höchstens einmal das geruhsame Tuckern eines Fischkutters, und unter der Wasseroberfläche absolute Stille.

Der Kalender weist aus: Sonntag, 23. Juni 1974. Ausgerechnet unseren 30. Hochzeitstag mußte ich mir für mein erstes größeres Taucherlebnis aussuchen. Gefeiert werden soll allerdings erst am Abend; also nutze ich die für mein Vorhaben optimalen Lichtverhältnisse der senkrecht stehenden Mittagssonne und starte zu einer Tauchexkursion. Zunächst finde ich einige der hier häufig vorkommenden Purpurschnecken und Herkuleskeulen in drei bis vier Metern Tiefe.

Doch dann, weiter draußen, entdecke ich auf einem von Felsbrokken umsäumten Sandareal in ziemlicher Tiefe eine wesentlich anders und größer aussehende Muschelschale, die ich unbedingt heraufholen will. Nach sieben oder acht vergeblichen Versuchen – jedesmal fehlen ein bis anderthalb Meter – bin ich nahe daran, aufzugeben. Aber einen Tauchgang ist das Objekt noch wert; ich stoße unter Aufbietung meiner letzten Energien wieder nach unten, merke, daß mir die Luft ausbleibt; ein wilder, verzweifelter Flossenschlag – und zugepackt. Ich habe sie! Normal aufzusteigen ist nicht mehr möglich; ich schieße in einem irren Tempo nach oben, beginne schon unterhalb des Wasserspiegels nach Luft zu schnappen und schlucke, da ein korrektes Ausblasen des Schnorchels nicht mehr klappt, mindestens einen halben Liter Meerwasser. Aber ich habe es geschafft; beim späteren Nachmessen mit dem Lot ergibt sich eine Tauchtiefe von sieben Metern - eine bis dahin nie erreichte Dimension.

Die Beute ist leider nur eine Einzelschale, das heißt die Hälfte einer vollständigen Muschel. Es ist eine Meermandel, eine im Atlantik häufige, im Mittelmeer dagegen seltenere Muschel mit samtiger Oberfläche. Ein späterer Fund wird mir noch ein komplettes Exemplar für meine in den allerersten Anfängen steckende Sammlung bringen.

Während der Feier am Abend wird der ausgestandene Schrecken ordentlich begossen; ich leere auf den Erfolg ein Glas mit dem Wein der Insel Peljesac und hoffe, er möge sich mit dem Salzwasser in meinem Magen gut vertragen. Meiner Frau scheint es dagegen wichtiger zu sein, einen kräftigen Schluck auf den glücklichen Ausgang meines ersten Taucherabenteuers zu trinken; sie ahnt gottlob noch nicht, daß wir es in nicht allzu ferner Zukunft mit ganz anderen Abenteuern zu tun haben werden.

Weil uns Jugoslawien gut gefallen hat, ist dieses Urlaubsziel für das folgende Jahr, 1975, wieder eingeplant - mit einer anderen Anreise, da wir nun einmal die Abwechslung lieben. Wir reisen diesmal über die Schweiz an und hoffen, da der Mai sich bereits dem Ende zuneigt, über den Sankt-Gotthard-Paß fahren zu können. Wegen eines Kälteeinbruchs werden wir jedoch auf halber Höhe von der Straßenwacht gestoppt und müssen wiederum per Huckepackzug von Göschenen nach Airolo durch den Tunnel. - Seltsam, fast die ganze Welt haben wir durchkreuzt, aber über diesen verflixten Paß zu kommen, ist uns bis heute noch nicht gelungen.

Das erste Mal übernachten wir in Como, das zweite Mal - nach einem Kulturabstecher nach Ravenna mit seinen wundervollen Basiliken und dem Grabmal des Theoderich - in Giulianova, etwa vierzig Kilometer vor der Hafenstadt Pescara. Von dort aus bringt uns das Fährschiff »Tiziano« quer über die Adria nach Split. Noch eine knappe Autostunde und wir haben unser Hotel »Zora« auf der Halbinsel Primosten erreicht.

Bemerkenswert ist der von einer auffallend großen Kirche gekrönte Fischerort Alt-Primosten, der auf einer mit dem Festland durch einen schmalen Damm verbundenen Insel liegt. Die Halbinsel selbst ist etwa zwei Kilometer lang und hat am Nordufer einen flach abfallenden Sandstrand. Die Südküste dagegen ist felsig. Der Westspitze vorgelagert gibt es eine kleine Insel, von der später noch die Rede sein wird. In dem malerischen und ausgesprochen romantischen Fischerdorf findet man eine Reihe einfacher Schankkeller, die ständig gut besucht sind, vor allem, weil ein gutes Glas Wein schon für 40 Pfennig zu haben ist.

Malakologen ist ein Ausflug mit einem Tragflügelboot zur Insel Hvar zu empfehlen. Das dortige Franziskanerkloster besitzt eine hervorragende Molluskensammlung sowie eine umfangreiche Bibliothek mit einem beachtlichen Bücherschatz aus dem Fachgebiet Malakozoologie. Dazu gehören auch einige Folianten aus dem Spätmittelalter.

Das Tauchen kommt natürlich auch nicht zu kurz, bringt aber letztlich keine Steigerung gegenüber dem Vorjahr. Nachdem ich die Küste im näheren Umkreis in Richtung Nord und Süd restlos abgegrast habe, bleibt als letztes, erstrebenswertes Ziel nur noch die kleine Insel, die bei normalem Tempo vom Hotel aus in einer guten Stunde erreichbar ist. Diesen bemerkenswerten Tauchausflug will ich dem Leser keinesfalls vorenthalten:

Eine Dreiviertelstunde bin ich schon unterwegs; die geschätzte Wassertiefe von 20 bis 25 Metern nimmt langsam, aber sicher ab, und der Meeresboden kommt mir sozusagen mit jedem weiteren Schwimmzug ein wenig mehr entgegen. Natürlich bewege ich mich in der normalen Schnorchlerhaltung, das heißt Gesicht im Wasser und den Blick durch die Maske schräg nach unten zum Grund hin gerichtet.

Nachdem ich wieder einmal den Kopf gehoben und mich vergewissert habe, daß die Richtung zur Insel noch stimmt, schaue ich wieder nach unten. Da durchzuckt es mich wie ein elektrischer Schlag: Um Haaresbreite wäre ich voll in zwei gewaltige Weichtiere der Spezies *Mamma humana* hineingeschwommen. Ich recke den Kopf aus dem Wasser, sehe, daß ich mit einer reflexartigen Ausweichbewegung nach rechts eine üppige Dame links liegengelassen habe und erkenne gleichzeitig das FKK-Treiben auf und vor der Insel. – Beim Umrunden des Eilandes finde ich übrigens noch eine ganze Anzahl interessanter »richtiger« Mollusken.

Einen Tag vor unserer Abreise verbreitete sich an der Adriaküste wie ein Lauffeuer die Nachricht, daß vor Rijeka (dem früheren Fiume) einem Badeurlauber von einem Hai ein Bein abgerissen worden sei. Angelockt von über Bord geworfenen Abfällen, soll der Raubfisch einem Schiff bis zu dem im äußersten Norden gelegenen Hafen gefolgt sein. Sicherlich ein Ausnahmefall. Uns hat es weder abschrekken noch vergraulen können; andernfalls wären wir im Folgejahr wohl kaum noch einmal in diese Gegend gefahren.

1977 tagt dann der Internationale Kongreß der Europäischen Personal-Management-Vereinigung in Madrid. Über Segovia, Valladolid und Reinosa fahre ich anschließend mit meiner Frau nach Santillana, einem kleinen Fischerdörfchen an der Biskayaküste. Zwei Übernachtungen in einem der *Paradores,* jenen schon fast legendären Autofahrerherbergen, sowie ein Abstecher nach Altamira mit ihren berühmten prähistorischen Höhlenzeichnungen sind die Zwischenstationen unseres als Tauchreise geplanten 10-Tage-Aufenthalts an der baskischen Atlantikküste. Der Weg führt uns weiter über Santander, Bilbao und San Sebastian, wo im Juli natürlich alle Hotels ausgebucht sind, zurück nach Zarauz, einem Badeörtchen 25 Kilometer westlich von San Sebastian. Hier finden wir ein passables Hotel, das von einer seit zwanzig Jahren in Spanien verheirateten Münchnerin geführt wird.

Vor der Seeseite des Hotels erstreckt sich zur Ebbezeit ein breiter, feinkörniger Sandstrand; er verschwindet allerdings regelmäßig bei Flut, wenn das Meer bis zur Terrassenmauer reicht. Davor tobt eine gewaltige Brandung, deren monotones Rauschen nachts einen Teil der Gäste einschläfert und den anderen Teil wachhält.

Schon bald habe ich hier meine Erfahrungen gesammelt und sehe mich gezwungen, meine erfolglosen Tauchversuche aufzugeben. Vor der Brandung in Richtung Strand nimmt der aufgewirbelte Sand jede Sicht. Hinter den sich mit großer Gewalt und heftigem Getöse brechenden Wellen herrschen tückische Unterströmungen, die mich einmal sogar weit hinausziehen; es gelingt mir unter Anwendung aller inzwischen angeeigneten Techniken, mich wieder zum Strand zurückzukämpfen – jedoch unter Verlust meiner Badehose, die mir förmlich vom Körper gesogen wird.

Auf der Suche nach besser geeigneten Tauchgründen fahre ich am 2. Juli westwärts und erreiche nach etwa vierzig Kilometern eine tief in die Uferfelsen eingeschnittene Flußmündung, an der das malerische einrahmende Fischereistädtchen Ondarroa liegt. Ein Fischerjunge, den ich nach Muschelplätzen frage, gibt bereitwillig Auskunft und bietet mir sogar an, mich mit dem Boot zu einer Stelle hinauszufahren, an der es mit Sicherheit »Almejas« – Muscheln – gibt. Um keine Zeit zu verlieren, mache ich mich während der Hinfahrt tauchfertig und lasse mich, kaum am Ziel angelangt, geradezu ungeduldig über den Dollbord unseres Bootes kippen.

Der Junge hat nicht zuviel versprochen: Innerhalb eines von mächtigen Unterwasserfelsen atollartig umrandeten, feinsandigen Areals finde ich eine größere Ansammlung von Kammuscheln der Spezies *Pecten maximus* (Große Pilgermuschel oder auch Jakobsmuschel). Nach wenigen Tauchgängen habe ich etwa ein Dutzend Exemplare in meinem Transportnetz und kann die Aktion als erfolgreich beendet ansehen. Mein so hilfreicher spanischer Assistent bekommt – sozusagen als Fangprämie – noch ein paar Peseten extra, und ein Sammler fährt mit seiner Beute glücklich und zufrieden in Richtung Osten – zurück nach Zarauz.

Meine Frau und ich sitzen anderntags beim Frühstück; voller Stolz zeige ich meine Muschelschalen herum. Von einem Nachbartisch bemerkt ein Herr: »Das muß aber eine köstliche Mahlzeit gewesen sein – Moules-Saint-Jacques, *quelle delicatesse!*« Ich kläre ihn auf, daß ich meine Muscheln ordnungsgemäß durch Auskochen präpariert und den für mich nutzlosen Inhalt weggeschüttet habe. Hier zeigt sich der wahre Gourmet; er schüttelt verständnislos den Kopf – für ihn bin ich schlicht ein Ignorant, ja, ein Banause. Solche sind für Feinschmekker einfach Luft, durch die man hindurchschaut, was er während der restlichen Tage unseres gemeinsamen Aufenthalts auch tut.

Zwei Jahre später findet im Juni in Venedig der 9. Internationale Kongreß der Europäischen Personal-Management-Vereinigung statt. Da meine Frau einen Schulterschaden auskurieren muß, kombinieren wir den Kongreßbesuch in Norditalien mit einer vorgeschalteten Thermalkur auf der Insel Ischia, weit unten im Süden des Landes. Das erfordert zwar eine weite Autoreise, ermöglicht aber zugleich sowohl am berühmten Lido von Venedig als auch im Golf von Neapel das Tauchen.

Nach einer abwechslungsreichen 3-Tage-Fahrt mit den Stationen Gardasee (1. Übernachtung), Pisa, Livorno, Orbetello südlich von Elba (2. Übernachtung) und Rom bringt uns am Nachmittag ein Fährschiff der bekannten Lauro-Reederei zur Insel Ischia. Ziemlich erschöpft, von der sengenden Junisonne total ausgetrocknet und mit einem deutlichen Gefühl der Erleichterung kommen wir dort an. Auf Ischia haben wir mit dem Hotel »Alexander« im Ortsteil Porto der gleichnamigen Hauptstadt nicht nur eine gute, sondern auch günstige Bleibe gebucht; günstig insofern, als man vom großen Thermal-Swimmingpool aus durch ein Hintertürchen unmittelbar zum Meer gelangen kann. So ist es in geradezu idealer Weise möglich, die unterschiedlich gesetzten Akzente – Kur für meine Frau, tauchen für mich – sinnvoll miteinander zu verbinden.

Statten wir den Wassern des Golfs von Neapel einen ersten Besuch ab; mit den über 30 ° C hohen Temperaturen in den Thermalbecken kann das Mittelmeer hier natürlich nicht konkurrieren, aber 24 ° C bringen auch schon angenehme Voraussetzungen für ausgedehnte, längere Unterwasserexkursionen. Diese nutze ich am Tag nach unserer Ankunft zu einer Allrounderkundung, um mich zunächst einmal mit den Verhältnissen unter dem Wasserspiegel und am Meeresboden vertraut zu machen. Der Grund erweist sich – wie erwartet – als überwiegend sandig und nur mit kleineren Steinen oder Felsrippen durchsetzt; auf diesem Biotop lebende Mollusken anzutreffen, halte ich für so gut wie ausgeschlossen. Meine Vermutung bewahrheitet sich in den folgenden Tagen.

Und so finde ich bei meinen ersten Tauchgängen einige leere Schalen bzw. Gehäuse der *Macrocallista chione* (Braune Venusmuschel) und der *Aporrhais pespelecani* (Pelikanfußschnecke); letztere ist in meiner Sammlung noch nicht vertreten und wird daher mit besonderer Freude erkannt und klassifiziert. Damit soll es für den Anfang genug sein; gerade nach einer strapaziösen Autoreise und deutlichem Klimawechsel sollte man sich beim Tauchstart vor Übertreibungen hüten.

Einige Tage später, nachdem wir mit dem Wagen eine Rundfahrt unternommen und die Hauptorte Casamicciola, Lacco Ameno, Forio, St. Angelo und Maronti kennengelernt haben, suche ich am Ufer des östlichen Stadtteils von Ischia, Ponte, ein geeignetes Tauchrevier. In der Nähe des Castello Aragonese, einem von alten Festungsruinen gekrönten kapartigen Felsen, ist es nach kurzer Suche gefunden.

Ich schwimme hinaus, tauche ab und werde überrascht von dem Anblick einiger mir bis dahin völlig unbekannter Muscheln. Sie sind alle leer, liegen zum Teil als einzelne Schalenhälften, teils als zwar aufgeklappte, aber noch komplette Einheiten auf dem Sandboden. Da sie maximal acht Zentimeter Länge aufweisen, kann ich eine größere Anzahl einsammeln, in meinem Transportnetz verstauen und an Land bringen.

Noch bevor ich sie später im Hotel gründlich ausspüle, reinige und im Schatten langsam trocknen lasse, schaue ich im Kosmos-Muschelführer nach: Es handelt sich um Angehörige der Familie *Arcidae* (Archenmuscheln) und der Spezies *Arca noae* (Arche Noah). Ein interessanter Fund.

Schließlich ist der vorletzte Tag unseres Aufenthalts auf Ischia angebrochen. Der letzte Tauchstart meiner Molluskenjagd in diesem Seegebiet ist für den späten Vormittag angesetzt. Diesmal bewege ich mich nach Westen, Richtung Casamicciola. Schon beim Abtauchen sehe ich, daß die Bodenverhältnisse hier anders sind; kleinere und größere Felsbrocken von zum Teil bis zu zweieinhalb oder gar drei Metern Höhe säumen einzelne Sandflächen und formen so kleine Atolle. Darin entdecke ich beim Hinunterstoßen einige rötlich-purpurfarbene Gebilde, die sich beim Heraufholen als zweiklappige, mit einer Vielzahl flacher Stacheln bewehrte Muscheln entpuppen. Es handelt sich um die *Spondylus gaederopus* (Lazarusklapper). Das reicht mir für den Abschluß meines Tauchtörns, zumal ich zum Ausgangspunkt noch einen Rückweg von gut zwei Kilometern vor mir habe. Im Hotel vermerke ich in meinen Tauchnotizen: Ischia brachte nichts Sensationelles, aber immerhin einige schöne Stücke in meiner Sammlung noch fehlende Arten.

Wieder sitzen wir im Wagen und lassen uns auf der Lauro-Fähre eine frische Morgenbrise um die Nase wehen. Dann geht es auf die Autostrada Richtung Norden. Im Gegensatz zu der Hinreise herrscht ausgesprochen angenehmes Wetter, die Fahrt verläuft zügig, und schon um 16.30 Uhr sind wir wieder auf einer Fähre – diesmal auf der zum weltberühmten Lido von Venedig. Hotel »Excelsior« wird für knapp eine Woche unsere Herberge sein.

Man bietet uns etwas für Touristen Einmaliges; gemeint ist hier nicht der im Damenprogramm enthaltene Standardausflug nach Burano und Murano, nein, es geht hier um die sonst kaum verwirklichbaren Besuche drüben in Venedig in der Frühe vor oder am Abend nach dem allgemeinen Touristenrummel. So erleben wir eine völlig andere Atmosphäre der Ruhe und Beschaulichkeit; dies ist der Höhepunkt unseres Venedigaufenthaltes. Fast gleichrangig ist ein eigens für die Kongreßteilnehmer arrangiertes meisterhaftes Konzert in der wundervollen Inselkirche San Giorgio.

Doch unser Motto heißt: »Als Muscheltaucher um die Welt.« Wie sieht es nun damit aus? Antwort: Finster – und das wortwörtlich!

Offen gestanden, ich habe innerhalb von fünf Tagen nur zweimal zu Tauchversuchen – mehr kann man es beim besten Willen nicht nennen – angesetzt und alsbald die Sinnlosigkeit derartigen Tuns eingesehen; beim ersten Mal war der Sandstrand am Lido stark aufgewühlt, beim zweiten Mal war das Wasser aus unerklärlichen Gründen eine dunkle, fast schwarz-graue Brühe. In beiden Fällen mußte die Taucherei zum Blindflug geraten; die Zufallsbeute waren ein paar Allerweltsmuschelschalen, die im einzelnen zu erwähnen nicht der Mühe wert wären.

Erneuter Wechsel von Zeit und Szene: Wir schreiben Sonntag, den 23. August 1981. Pünktlich um 7.00 Uhr früh hat das Fährschiff »Dana Corona« am Pier im Hafen von Tunis festgemacht, dies trotz der in Genua wegen Maschinenschadens um zweieinhalb Stunden verzögerten Abfahrt. Während der 36stündigen Überfahrt eine relativ kleine Verspätung aufzuholen, war für die dänischen Nautiker und Bordingenieure offensichtlich kein Problem.

Inzwischen ist die gewaltige Heckklappe heruntergelassen worden, und ein paar hundert Last- und Personenwagen rollen über die rückwärtige Rampe an Land; darunter auch unser metallicgrüner Renault 20 mit dem Kennzeichen W - HV 314. Noch etwa 100 Kilometer, davon zwei Drittel auf der einzigen tunesischen Autobahn, und unsere Operationsbasis Hotel »El Sindbad« in Hammamet ist erreicht.

Am nächsten Morgen erweist sich der Strand von Hammamet nach kurzer Inspektion als für jegliches Tauchvorhaben ungeeignet: ein typischer Bade-Touristen-Strand mit von langer Dünung aufgewirbeltem Sand. Eine mit vier roten, mit »DANGER« beschrifteten Bojen markierte Stelle, etwa achtzig Meter vom Ufer entfernt, macht mich neugierig. Ich schwimme hin, untersuche das Wrack und vermute, daß es sich um ein Überbleibsel aus dem Zweiten Weltkrieg – der Größenordnung nach vielleicht ein Minensuchboot – handelt. Später wird meine Annahme im Hotel bestätigt: Es war ein deutsches Marinefahrzeug; über den Typ und die näheren Umstände des Untergangs ist allerdings nichts zu erfahren.

In den nun folgenden Tagen und Wochen zeigt sich, wie sinnvoll es war, die geplante Tunesienreise mit dem eigenen Wagen zu unternehmen; die damit gegebene Mobilität ermöglicht uns, alle günstigen Umstände sofort zu nutzen und auf der Suche nach vielversprechenden, interessanten Tauchrevieren gut die Hälfte der Küste von Bizerte im äußersten Norden bis Sousse im Süden abzufahren.

Es ist Dienstag, der 25. August. Ein strahlend schöner Tag, der positive Stimmung erzeugt und Unternehmungslust verbreitet. So starten wir, um etwas für unsere Bildung zu tun, zur antiken Stätte von Karthago. Im Kofferraum befindet sich, wie immer, die komplette Tauchausrüstung.

Nachdem wir die Überreste Karthagos ausreichend besichtigt haben – wir hatten es uns insgesamt imposanter und umfangreicher vorgestellt –, suche ich in der Umgebung nach einer stillen Bucht, die von der Uferformation her für meine Zwecke geeignet erscheint. Eine passende Stelle ist bald gefunden, und wenige Minuten später bin ich unterwegs, bewege mich mit langen, ruhigen Schwimmzügen an der Wasseroberfläche und beobachte durch die nach mehrmaligem Abnehmen und Ausspülen nun endlich klare Brille aufmerksam den Meeresboden. Dann stoße ich zu einer ersten Naherkundung nach unten. Die Beschaffenheit des Grundes ist ideal und vielversprechend; soweit das Auge reicht, auf der grob- bis feinsandigen Fläche verstreute Riffelsen, teils kleinere, teils gewaltige Brocken. Dazwischen einzelne grüne Tanggrasfelder. Optimale biotopische Verhältnisse für Flora und Fauna. Da Schnecken und Muscheln nachtaktive Tiere sind, sich tagsüber in Felsspalten, unter Grasbewuchs oder teilweise im Sand verstecken, ergibt sich stets aufs neue das Problem des sorgfältigen, intensiven Absuchens.

Das durch mehrjährige Erfahrung mittlerweile geschultere Auge entdeckt bald einige typische Sandhäufchen und darunter ein paar Exemplare der Art *Cypraea lurida* (Braune Maus). Sie gehört zur Familie der Porzellan- oder Kaurischnecken, die 185 bekannte Arten umfaßt, von denen nur drei im Mittelmeer vorkommen; die meisten bevölkern die tropischen Ozeane.

Ins Hotel zurückgekehrt, präpariere und reinige ich die Gehäuse unter Verwendung von Chloralhydrat (das sonst übliche Auskochen würde die empfindliche Porzellanoberfläche zerstören) und freue mich über meinen ersten Taucherfolg in Tunesien.

Eigentlich ist für den nächsten Tag eine Erholungspause vorgesehen, aber das Jagdfieber hat mich gepackt. Also geht's am frühen Morgen los, zunächst wieder in dieselbe Richtung nordwärts. Bald aber lassen wir die Hauptstadt Tunis hinter uns und steuern den nördlichsten Zipfel Tunesiens, den Golf von Bizerte, an. Wir quälen uns noch über einen Holperweg und landen schließlich am Kap Blanc. Nach längerem Suchen finden wir an dem ebenso interessanten wie meist schwer zugänglichen Ufer doch eine Möglichkeit, das Auto mehr schlecht als recht zu parken und ans Wasser zu gelangen.

Schon mehr als eine Stunde treibe ich mich im Wasser herum; absolut nichts an Muscheln oder Schnecken zu sehen. Beeindruckende Unterwasserlandschaft – aber außer ein paar Fischschwärmen offensichtlich keine Lebewesen. Doch dann umrunde ich unter Wasser eine Felskante und erstarre. Etwa vier Meter vor mir schaut der Kopf einer Muräne aus einer Steinspalte heraus. »Muränen greifen nur an, wenn sie gereizt werden oder hungrig sind«, kommt mir blitzartig die Erinnerung an den schlauen »Leitfaden für Taucher«. Nun, gereizt habe ich sie nicht, bleibt zu hoffen, daß sie satt ist.

Vorsichtig entferne ich mich seitwärts mit kaum spürbaren Bewegungen der Flossen und bringe langsam, aber sicher eine Distanz von vierzig bis fünfzig Metern zwischen mich und den unangenehmen Unterwassergenossen; gleichzeitig mit der Absetzbewegung habe ich auch den Aufstieg bewerkstelligt und erleichtert die Wasseroberfläche erreicht.

Einen letzten Tauchgang unternehme ich noch. Kaum am Grund angekommen, entdecke ich zwei ausgewachsene Tritonshörner und in kurzer Entfernung noch das leere Gehäuse eines jugendlichen Stückes derselben Art. Aha, denke ich, das ist die Belohnung für den ausgestandenen Muränenschrecken: Zwei Gehäuse von 25 Zentimetern Länge und beachtlichem Gewicht und ein kleineres als Zugabe; ein schöner Ausklang eines ereignisreichen Tages.

Ein nach mehrtägiger Faulenzerpause unternommener Abstecher in Richtung Nordosten über den großen Fischereihafen Kelibia bis zum Kap Bon mit seiner auf hohem Berg gelegenen Radarstation bringt außer ein paar kleinen Birnporzellanen (Kauris) und Pelikanfußschnecken nichts ein.

Neuer Monat, neues Glück. Am 1. September rollen wir gen Sousse, dem südlichsten Punkt unserer tunesischen Reise. Hier lädt eine Mischung aus Kies-, Sandstrand und Felsküste geradezu zum Tauchen ein; ein kleiner Yachthafen trägt den klangvollen Namen Port el Kantaoui. Später werde ich ihn auf einer Karteikarte als Fundort eines weiteren Stücks meiner wachsenden Sammung verzeichnen. Was ich dort finde? Nach mehreren erfolglosen Tauchgängen stoße ich in fünf Metern Tiefe aus Versehen mit einer Flosse gegen etwas Festes, das aber dann nachgibt und sich bewegt. Aufsteigen, Luftholen, Abtauchen und Nachsehen sind eins. An die Oberfläche hole ich zwei leere, total versandete Gehäuse von rund 20 Zentimetern Durchmesser. Es sind Gehäuse der *Tonna galea* (Großes Faß) aus der Familie der Tonnenschnecken; wieder ein respektabler Fund als Schlußpunkt des Besuchs in Tunesien.

Im darauffolgenden Jahr, 1982, haben wir uns mit dem Juni wieder einen warmen Monat und mit dem Ziel Kreta noch zusätzlich eine heiße Gegend ausgesucht; aber für längere Tauchexkursionen ist warmes Meerwasser nun einmal eine günstige Voraussetzung. Der

Reisemodus gleicht dem des Vorjahres: Es geht wieder mit dem eigenen Wagen nach Süden, vom italienischen Adriahafen Ancona mit dem Schwesterschiff der dänischen Tunesienfähre mit Zwischenlandung und Halbtagsausflug in Patras nach Iraklion, Hauptstadt und Haupthafen Kretas. Unser Hotel »Astir Palace« liegt an der Elounda-Bucht, gegenüber der Halbinsel Spinalonga, deren felsige Küsten brauchbare Bedingungen fürs Tauchen bieten.

Ansonsten ist die Nordküste – wir sind sie von Chania im Westen über Souda, Rethymnon, Iraklion, Malia, Aghios Nikolaos bis Sitia im Osten abgefahren – mit ihren typischen Touristenstränden alles andere als ein Taucherparadies. Ganz anders dagegen der Süden der Insel. Hat man, von Norden kommend, bei Ierapetra die Südküste erreicht und ist nach Westen abgebogen, so öffnet sich der Blick auf eine Felslandschaft mit schroffen Abhängen, wild zerklüftet und zum Meer hin oft schwer passierbar. Bereits nach dreißig Kilometern ist die Herrlichkeit ganz zu Ende; bei Mirtos schwingt sich die Straße steil nach oben und führt am höchsten Punkt von achthundert Metern an den Ausläufern des Dikti-Gebirges entlang wieder nordwärts. Da kann man durchaus behaupten, daß es an der gesamten Südküste eigentlich so gut wie keine Straße gibt und die meisten der wenigen Orte nur von See her mit dem Boot zu erreichen sind. Und ausgerechnet an diesem unwirtlichen, schwer zugänglichen Küstenstreifen soll ich den aufregendsten Tag meines gesamten Kreta-Aufenthalts erleben:

Es ist später Vormittag; die Sonne wird bald den Zenit erreicht haben und mit ihren dann senkrecht einfallenden Strahlen beste Lichtverhältnisse für mein Tauchvorhaben schaffen. Vorsichtig wate ich zwischen zwei mit grünem Tang bedeckten Felsrippen ins Wasser. Als ich etwa Knietiefe erreicht habe, rutsche ich mit meinen Flossen auf einem glitschigen Unterwasserfelsen aus und lande, Maske und Schnorchel noch in der Hand, auf Brust und Bauch am Meeresboden. Nun rappele ich mich wieder hoch, mache mich tauchfertig und sehe nach, ob meine Flossen noch in Ordnung sind (Jahre früher gab es auf den Seychellen bei solcher Gelegenheit einmal einen Flossenbruch). Sie sind es, doch beinahe hätte es eine Katastrophe gegeben: Mein Sturz passierte auf einem etwa einen Meter breiten, sauberen

Sand- und Geröllstreifen; links und rechts davon aber ist der Meeresgrund schwarz von dicht an dicht sitzenden Seeigeln. Bäuchlings in dieses Stachelfeld hineinzufallen hätte böse Vereiterungen und das unwiderrufliche Ende meiner Kreta-Tauchreise bedeutet. So aber ist mir das Glück wieder einmal hold, und ich bin mit dem Schrecken davongekommen.

Doch damit ist es für diesen Tag noch nicht genug an Aufregung; die für die Bereiche Meer und Wetter zuständigen Schicksalslenker haben für mich noch etwas ganz Besonderes in petto: Kaum habe ich mit ein paar normalen Tauchgängen einige Muscheln der Spezies *Crassostrea angulata* (Portugiesische Auster) an die Oberfläche geholt, da entwickelt sich ein weißes Wölkchen in einem unvorstellbaren Tempo zu einer pechschwarzen Riesenwolke, und diese verwandelt sich im Nu in eine veritable Gewitterfront. Ein gewaltiges Unwetter zieht herauf. Rasch türmen sich die Wellenkämme zu einer beängstigenden Höhe und weisen beachtliche Schaumkronen auf. Allerhöchste Zeit, die kaum noch sichtbare Küste anzusteuern. Ich habe hart zu kämpfen, zumal sich jetzt sogartige Unterströmungen ausbilden und es zugeht wie bei der Echternacher Springprozession: zwei Schritte vor, einen zurück! Das rettende Ufer kommt unter diesen Umständen mit quälender Langsamkeit näher; von einer langgezogenen Welle lasse ich mich schließlich auf die Uferfelsen tragen, rutsche noch ein Stück zurück, bekomme eine Gesteinsspalte mit beiden Händen zu fassen, kann mich anklammern, festhalten – geschafft! Ausgepumpt und total erschöpft, aber immer noch mit der Beute im Gürtelnetz, liege ich außer Reichweite der Brecher auf einer Felsplatte und versuche ruhig und kontrolliert durchzuatmen. Nachdem ich mich etwas erholt habe, gibt es nur noch ein Ziel: mein Hotelzimmer.

Nach einigen anderen Reisen quer über den Globus, von denen ich in den weiteren Kapiteln berichten werde, mache ich 1985 zusammen mit meiner Frau Urlaub auf Lanzarote, der nördlichsten und, mit Fuerteventura, zugleich auch der östlichsten der Kanarischen Inseln.

Während des Landeanflugs auf den Flughafen von Arecife, der Inselhauptstadt, sehen wir das Grandhotel – mit zehn Stockwerken das einzige Hochhaus auf Lanzarote. Nach knapp einstündigem Transfer mit einem Kleinbus taucht vor uns als wohltuender Kontrast das Hotel »Las Salinas« auf. Obwohl es sich um eine 600-Betten-Herberge handelt, haben die Erbauer ein architektonisches Meisterstück abgeliefert, eine gelungene Synthese aus höchstmöglichem Urlaubskomfort und weitestgehender Berücksichtigung von Umwelt und Natur. Entsprechend der Maxime von Cesar Manrique, Maler, Bildhauer, Bauberater, Umweltgestalter, Naturschützer und wohl berühmtester Sohn der Insel, schmiegt sich der nur viergeschossige Riesenbau terrassenförmig in die Landschaft. Alle Balkons sind mit Hilfe gutbewässerter Kübelbeete üppig begrünt, und die drei auf einer Länge von achtzig Metern ineinander übergehenden Innenhöfe laden mit ihrer exotischen Pflanzenpracht, plätschernden Springbrunnen und in munteren Kaskaden herabstürzenden Wasserfällen immer wieder zu Spaziergängen im Hotel ein. Der riesige, mit Lavabrocken umsäumte und durchsetzte Swimmingpool rundet das zauberhafte Bild harmonisch ab.

Wir haben Lanzarote ausgewählt, weil es keine ausgesprochene Badeinsel ist; es gibt verhältnismäßig wenige Sandstrände, dagegen wunderbar zerklüftete Steilküsten mit eingeschnittenen Felsbuchten und vorgelagerten Über- und Unterwasserrocks.

Zwei Touren sind mir besonders in Erinnerung geblieben: Einmal ein Tauchausflug an die Südostspitze Punta del Papagayo und zum anderen die Fahrt nach La Santa an der mittleren Westküste, wo man besonders nach starkem Weststurm sehr ergiebige Muschelspülsäume findet.

Zu einem richtigen Abenteuer gerät der erste Autoausflug. Plötzlich endet die bis dahin relativ passable Straße ohne jede Vorwarnung; bestenfalls als Maultierpfad kann man das, was sich als Fortsetzung anbietet und steil in ein total verkarstetes Gelände führt, bezeichnen. Wir haben die unnütz gewordene Karte längst weggelegt und holpern mit unserem armen Auto, dessen Federn und Stoßdämpfer maßlos gequält werden, von einer kaum erkennbaren Verzweigung zur nächsten. Ich mobilisiere meinen nach acht Nautikerjahren noch brauchbar gebliebenen Orientierungssinn. Und da liegt sie vor uns, die Papageienspitze, ein hoher, kapartiger Felsen, der weit nach Süden ausschwingend eine windgeschützte Bucht mit spiegelglatter Wasserfläche umschließt. Ich habe nur noch zwei Gedanken: hinunter und hinein!

Kristallklares Wasser, gesunde Flora und Fauna, eine interessante Unterwasserlandschaft; ich bin zufrieden. Noch zufriedener werde ich, nachdem ich in mehreren Tauchgängen zwei schöne Exemplare der Spezies *Charonia tritonis variegata* (Atlantisches Tritonshorn) und zwei recht große Walzenschnecken der Gattung *Cymbium* an die Oberfläche gebracht habe. Da sind die Strapazen der barbarischen Autofahrt schnell vergessen.

Fehlt noch der Bericht über unseren Besuch der Westküste. Am Vortag hat es, begleitet von heftigen Gewittern, im Westen ausgiebig gestürmt, also sind die Voraussetzungen günstig. Schon in der ersten Bucht finden wir den schmalen Sandstrand bis hinauf an die Felszonen mit angeschwemmten Muschelschalen und Schneckengehäusen übersät. Meine Frau sammelt schon eifrig, ich muß noch rasch vom Unterwasserjäger auf den Strandläufer und Sammler umschalten, doch dann macht die Suche auch mir Spaß; ich bin schließlich Malakologe – so oder so.

Langsam müssen wir unseren Sammeleifer bremsen. Erstens haben wir eine beachtliche Anzahl beisammen – selbst unter Berücksichtigung der Souvenirwünsche von vier Enkelkindern – und zweitens brennt inzwischen die Mittagssonne erbarmungslos vom Himmel. Am Nachmittag kehren wir mit einer guten Ausbeute zurück – unter einer Menge von Täubchenschnecken und dergleichen befinden sich auch sehr interessante Exemplare der Rotmundstein- und der Saffiannapfschnecke.

Damit verfüge ich nun über etliche dekorative Exponate für die Vitrine »Lanzarote« in der Abteilung Ostatlantik/Mittelmeer meiner Sammlung.

Verlassen wir nun dieses Gebiet und wenden uns anderen Regionen der Weltmeere zu; es wird jetzt subtropisch, tropisch und exotisch!

KAPITEL 3

Westatlantik/Karibik

Meine Frau und ich brüten über Prospekten in denen »Fernreisen«, »Urlaubsparadiese« und »Traumstrände« angepriesen werden. Wir finden ein Angebot des Steigenberger-Hotels »Cariblue« auf der Antilleninsel Saint Lucia und entscheiden uns spontan für eine Reise in die Karibik. Der Grund? Vor drei Jahren hatten wir während einer Tagung in einem Reichenhaller Hotel dieser Kette an einem Preisausschreiben teilgenommen und – »with the compliments of Hotel Cariblue, Saint Lucia« – eine Flasche Original Antigua-Rum gewonnen.

Es ist der 12. Februar 1980, und wir befinden uns im Landeanflug auf Hewanorra International Airport – so der klangvolle Name des Flughafens von St. Lucia. Ein Fluglotsenstreik der Portugiesen hatte uns zu einem großen Bogen um die Azoren gezwungen und so die Flugzeit von 11 auf mehr als 12 Stunden verlängert. Die Abfertigung, der Gepäcktransport und der Transfer mit einem angejahrten Vehikel über Straßen dritter Ordnung rund sechzig Kilometer vom Süden zum Nordende der Insel, das alles ist noch sehr neu und aufregend – später soll es allerdings zur Routine erfahrener Globetrotter werden.

Das Hotel ist im westindischen Landhausstil gehalten und wird von einem irischen Manager und seiner Frau, einer freundlichen, hilfsbereiten Deutschen, geführt.

Nach wenigen Tagen haben wir uns gut eingelebt. Einige Schneckengehäuse der Art *Cittarium pica* (Westindische Spitzschnecke) sind die ersten, vorerst noch mageren Tauchergebnisse aus der Brandungskante. Schon aber regen sich Vorstellungen von mehr Qualität. Da sind doch im Kosmos-Muschelführer – einem der bis dahin wenigen Fachbücher in meiner Bibliothek für Malakologie – etliche ansehnliche Stücke verzeichnet. Ich beschließe also einen Bootstrip nach Pigeon Island, der dem Nordkap vorgelagerten Taubeninsel, und finde auch prompt eine Reihe passabler Gehäuse und Schalen, alle leer und dennoch gut erhalten, wodurch mir das umständliche und unangenehme Auskochen und Präparieren erspart bleibt; einfaches Ausspülen des Schwemmsandes genügt.

Nun kennen wir St. Lucia schon einigermaßen. Beigetragen hat dazu unter anderem eine herrliche Segelpartie mit dem »Rumrunner« - seine gleichartigen Schwesterschiffe heißen »Flibustier« und »Corsar« - von der Inselhauptstadt Castries bis zur Südspitze mit den Schwefelquellen von Soufrière; dabei gab es einen halbstündigen Zwischenstop in der berühmten »Marigot-Bay«, Traumstation von Seglern aus aller Welt.

Eines Tages bietet der Oberentertainer des Cariblue-Hotels in seinem Programm einen Tagesflug zu den Grenadineninseln Carriacou und Sandy Island an. Die Ankündigung lesen und buchen ist eins. Am nächsten Morgen bringt uns ein Kleinbus zur Hauptstadt, wo es einen Kleinflughafen für die »Inselhüpfer« gibt. Eine zweimotorige Propellermaschine vom Typ »Britten-Norman Islander« mit 500 PS und für fünf Passagiere ausgestattet, nimmt uns an Bord.

Dieser Mischung aus Personenbeförderungsmittel und Lastesel werden wir noch zweimal begegnen: in Panama und auf den Seychellen. Heute aber erleben wir zum ersten Mal hautnahes Fliegen; in der kleinen Maschine spürt man jeden Luftwirbel und registriert jede Bewegung der Querruder, jede Korrektur von Höhen- und Seitenleitwerk.

Unter uns liegt die Inselwelt der Grenadinen, etwa gleich groß St. Vincent im Norden und Grenada im Süden, dazwischen um die hundert Inseln und Inselchen, wie an Perlenschnüren aufgereiht die kleineren Eilande und wie wahllos hineingestreut die größeren Landstücke. Allen gemeinsam eine überwältigende Farbensymphonie: Im Zentrum die grünbewaldete Insel, drumherum, wie Jahresringe eines Baumstammes, je nach Wassertiefe abgestufte Zonen von gelblich, türkis, smaragd und azur.

Schon ist das Ziel erreicht, die kleine Maschine setzt auf, rollt aus. Buschwerk huscht vorbei, und dann stehen wir vor einer Art

Omnibus-Wartehäuschen mit angebautem Minibüro: Hillsborough Airport! Ein Taxi bringt uns zur Stadt, wo in der »Mermaid Inn« der kühle Begrüßungsschluck wartet. Dann heißt es, sich in einem Hotelzimmer strandfertig machen und ab mit dem Boot hinüber nach Sandy Island.

Dieses Inselchen ist eine bessere, mit Palmen bestandene Sandbank, etwa fünfhundert Meter lang und vierzig Meter breit. Während unser Bootsmann leckeren Grillfisch und karibische Spezialdrinks - Planters Punch - zubereitet, unternehme ich meine ersten Tauchgänge. Mißmutig kehre ich nach einer Stunde ans Ufer zurück; weit und breit nichts zu finden, und dabei war ich mit soviel Zuversicht hergekommen. Draußen ist inzwischen eine große amerikanische Motoryacht aufgekreuzt und vor Anker gegangen. Will mal hinausschwimmen und den protzigen Dollarpott aus der Nähe begutachten.

In mir regt sich der alte Nautiker; nur so zum Spaß tauche ich an der Ankerkette entlang, um mir Typ und Größe des Ankers anzuschauen. Dann schwindet schlagartig jedes Interesse daran. Ich habe etwas Besseres entdeckt: keine fünf Meter vom Anker entfernt sehe ich eine ganze Reihe jener typischen, in aller Regel Muscheln oder Schnecken verbergende Sandhügel. Noch einmal rasch nach oben, tief einatmen und abtauchen. Zwei-, dreimal zugepackt - schon habe ich drei etwa zehn Zentimeter große Schnecken im Netz. Mit zwei weiteren Stücken gedenke ich, diesen Tauchausflug zu beenden und orientiere mich in Richtung Strand. Doch dann kommt die Überraschung, der krönende Abschluß dieses so enttäuschend begonnenen Unterwassertages: Ich finde etwa sechs Meter unter mir eine Helmschnecke, die sich nach dem Heraufholen als ein 20 × 15 Zentimeter messendes Prachtexemplar der Spezies *Cassis tuberosa* (Königshelmschnecke) entpuppt. Charakteristisch ist das gebißartige Aussehen der mit zahlreichen Zähnen besetzten Mündung. In unserem Lager werde ich natürlich mit großem Hallo empfangen und zum Taucherfolg herzlich beglückwünscht. Und ich kann meine Sammlung um das bislang schönste Stück ergänzen.

Zur Artbestimmung ist kritisches Betrachten und prüfendes Vergleichen mit den Fotos in den Malakologiefachbüchern notwendig;

Portugiesische Westküste: Schlichte Muscheln aus der Anfängerzeit

Tunesien: Tritonshorn und . . .

Tonnenschnecke und Braune Maus

Karibikinsel St. Lucia: Mit Steelband an Bord des Seglers »Rumrunner«

Panamaische San-Blas-Inseln: Autor mit Häuptlingsfamilie der Cuna-Indianer

Königinschnecken in der Sammlung und ...

am Meeresboden in der Karibik

San-Blas-Archipel: Flammenhelmschnecken

Karibische Madagaskar-Helmschnecke

Korallenfisch (oben)
Feuerkorallen im Riff vor Hawaii (unten)

Links unten: Hirnkoralle. Mitte: Röhrenschwämme. Rechts oben: Pilzkoralle

Seychellen: Gichtfingerschnecke

Seychellen: Der Tauchgang war erfolgreich

Seychellen: Pazifisches Tritonshorn

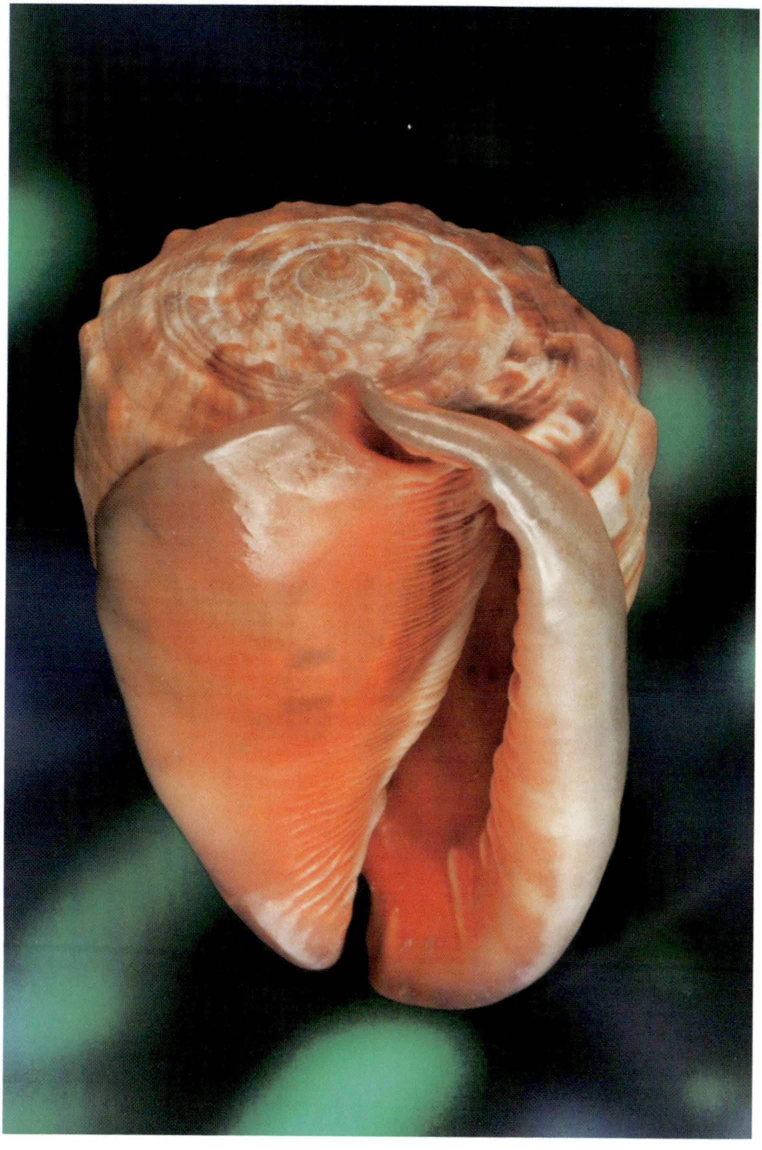

Seychellen: Rotes Bullenmaul

Seychellen: Bauchige Harfenschnecken

dabei kommt mir erstmals der Gedanke, daß es sich bei den nahe der Yacht vor Sandy Island (Grenadinen) gefundenen fünf Schneckengehäusen um jugendliche Exemplare der Spezies Königinschnecke gehandelt haben könnte. Ein Jahr später erhalte ich von einem der weltweit führenden Malakologen, Dr. R. Tucker Abbott aus Florida, ein Compendium. Hier finde ich meine Vermutung durch eine vergleichende Aufnahme alter und junger Gehäuse zweifelsfrei bestätigt. Von Dr. R. Tucker Abbott, den wir 1987 in Melbourne, Florida, während meiner letzten Tauchreise besuchten, wird im achten Kapitel noch die Rede sein.

Aus der Rückschau betrachtet, war der Saint-Lucia-Aufenthalt der eigentliche Einstieg in die tropische Inselwelt mit ihren stillen Buchten, bizarren Felsküsten und der atemberaubenden Schönheit der Korallenriffe. Doch verweilen wir noch ein wenig in der zauberhaften Karibik - wenn auch an anderer Stelle und zu anderer Zeit.

Das Szenario wechselt, die Zeit verschiebt sich um ganze drei Jahre in den Februar 1983. Aus der gesamten Panamareise soll hier nur der Abstecher zu den San-Blas-Inseln - Heimat der Cuna-Indianer - herausgegriffen werden.

Am 21. Februar sind wir, von Contadora kommend, mit einer zweimotorigen Twin Otter auf dem Domestic Airport in Panama City gelandet. Aus flugplantechnischen Gründen ist eine Zwischenübernachtung erforderlich. Am nächsten Tag starten wir um 7 Uhr früh wieder mit einer Britten-Norman Islander - diesmal die größere dreimotorige Version für zwölf Passagiere - zum San-Blas-Archipel an der östlichen, karibischen Seite Panamas. Wir folgen bei der Überquerung des Isthmus zunächst dem Panamakanal, drehen dann nach Südosten ab und landen nach knapp einstündigem Flug auf El Porvenir, der nördlichsten der San-Blas-Inseln. Ein Kanu bringt uns hinüber zu der relativ großen Insel Wichubhuala, wo uns Mr. Israel Gomez, Häuptling und Touristikmanager in einem, herzlich empfängt. Nachdem wir Grüße meines Tauchführers Ed Dougan aus Contadora (über ihn wird später noch im Ostpazifik-Kapitel zu berichten sein) ausgerichtet und als Gastgeschenk einige Gläser Erdnußbutter überreicht haben, avancieren wir auf der Stelle zu VIPs allererster Ordnung. Das äußerst sich in einer geradezu rührenden

Aufmerksamkeit und Betreuung; wir erhalten die besten Tips für Tauchgründe, die brauchbarsten Kanus, Vorzugsplätze bei den Folkloretanzdarbietungen der Cuna-Frauen und die günstigste Maschine für den Rückflug am späten Nachmittag.

Bei meinen diversen Tauchgängen finde ich meine bisher umfangreichste Muschel- und Schneckenbeute. Sie reicht von der Königinschnecke mit ihrer seltsam pagodenförmigen Spitze über Madagaskar-Helmschnecken, 25 Zentimeter große Wirbelschnecken, Westindische Fechter-, Flammenhelm-, Tulpen- und Melongenaschnecken bis zu den Tritonshörnern; insgesamt sind es rund zwei Dutzend, und eine ist formschöner und farbenprächtiger als die andere.

Bei der Jagd auf diese ausnahmslos bildschönen karibischen Schnecken kam es zu einem Erlebnis, das etwas mit einer äußerst unangenehmen Fortbewegungsform zu tun hatte: dem einhändigen Schwimmen beim Transport des Beutestücks mit der anderen Hand.

Ein Cuna-Indio hatte mir den Tip gegeben, etwa 800 bis 1000 Meter vor der Nordwestecke von Nalunega sei eine schlammsandige Flachstelle (4–6 Meter tief), auf der ich mit ziemlicher Sicherheit Schnecken der Art *Turbinella angulata* (Gewinkelte Wirbelschnecke) von beachtlicher Größe finden würde. Natürlich beging ich auf dem Hinweg einen kapitalen Fehler, der einem versierten Schnorcheltaucher eigentlich nicht mehr unterlaufen sollte: Ich ließ mich immer wieder verleiten, unterwegs das eine oder andere einladend am Meeresboden liegende Gehäuse heraufzuholen und in meinem Gürtelnetz zu verstauen.

So kam es, daß ich, als ich draußen prompt ein Prachtstück der gesuchten Spezies – zwanzig Zentimeter lang und etwa zwei Kilo schwer – entdeckt und nach mehreren Tauchgängen heraufgeholt hatte, das unbequeme Monstrum in die linke Hand nehmen und mit der rechten schwimmen mußte; zum Glück kann man sich notgedrungen auch nur mit Hilfe der Flossen vorwärtsbewegen und auf Mitwirkung der Arme ganz verzichten. Dennoch gestaltete sich der Rückweg zu einem etwas mühsamen Unterfangen, zumal das prall gefüllte Gürtelnetz nicht nur schon beim Tauchen hinderlich gewesen war, sondern auch das Schwimmen wesentlich erschwerte.

Nachdem ich ungefähr zwei Drittel der Strecke zum Ufer zurückgelegt habe, kommt es, wie nicht anders zu erwarten, zu einem Zwischenfall: Meine linke Hand, mit der ich das Beutestück fest umklammert halte, erlahmt allmählich und wird gefühllos. Dann kommt eine etwas höhere Welle, Wasser läuft in den Schnorchel, ich muß husten und - ade, Turbinella! In Trudelbewegungen sinkt das kostbare Stück langsam, aber sicher, auf den Meeresboden hinunter. Nun ist das Resultat vielstündiger Anstrengungen vorerst einmal verloren - ob endgültig, muß sich noch herausstellen. Schon der erste Tauchgang zeigt, daß das Gehäuse in einer Gegend versunken ist, die von der Meerestiefe her noch so eben im Grenzbereich meiner Möglichkeiten liegt.

Bevor ich mich ans Werk mache, fällt mir noch etwas Besonderes in der Beschaffenheit des Grundes auf: Hinter mir erkenne ich eine deutlich ansteigende Bodenwelle, deren Scheitelpunkt etwa halb so tief wie mein derzeitiger Standort sein dürfte. Gewonnen! Dahin schwimmen, nach unten stoßen, das hinderliche Netz ablegen und wieder nach oben, das ist rasch getan. Dann gelingt es mir, in einem einzigen Gewalttauchgang die begehrte Beute wieder an die Oberfläche zu holen; die halbe Ernte ist eingefahren. Da aber das Tauchen mit der Schnecke in der Hand noch schwerer als mit dem Netz am Gürtel wäre, lasse ich das Gehäuse unmittelbar neben dem Netz auf die Sandfläche hinabsinken, dann geht es für heute ein letztes Mal in die Tiefe; mit beiden Händen je ein Objekt gepackt - und das Problem ist endgültig gelöst.

Das restliche Drittel des Rückwegs wird nur mit den Flossen bewältigt. Stolz wate ich ans Ufer, wo meine Frau schon etwas besorgt wegen der außergewöhnlich langen Dauer der Exkursion wartet. Ich bin reicher um ein Prachtstück von Molluske, reicher aber auch um die Erfahrung, daß man nur das Hauptziel im Auge haben und sich unterwegs nicht verzetteln sollte.

Nachzutragen bleibt, daß wir von den 365 Inseln und Inselchen zwei weitere, Corbisky und Nalunega, besuchen konnten und daß die Cuna-Indianer einen allerdings auf 16000 Menschen zusammengeschmolzenen, autonom lebenden Stamm darstellen. Zeichen der Häuptlingswürde sind Baseballkappen; das Volk, das durch einen Repräsentanten in Panamas Nationalversammlung vertreten ist und eigene Verwaltung und Gerichtsbarkeit besitzt, trägt normale Hüte.

Die Frauen fertigen einzigartige Näh- und Stickarbeiten, die »Molas« (sie werden als Vorder- und Rückenteile ihrer Trachtenblusen getragen), und verkaufen sie auch an Touristen.

Insgesamt ein freundliches und liebenswertes Völkchen in einem bezaubernden Inselreichidyll.

Für den Rückflug bietet man uns noch besondere Attraktionen. Zunächst macht der Pilot von El Porvenir aus einen weiten Bogen nach See zu, wo alsbald ein großes Kreuzfahrtschiff in Sicht kommt und dreimal umkreist wird. Zur Begründung erklärt der Pilot, daß wir die Braut eines dort unten diensttuenden Offiziers an Bord haben, und wendet die Maschine nun in Richtung Landenge von Panama. Dann kommt ohne jede Vorwarnung die zweite Überraschung: Kaum haben wir den Küstensaum überflogen, verliert unser Flugzeug schnell an Höhe, und es sieht aus, als ginge es direkt in den Urwald hinein. Es sieht nicht nur so aus, sondern es ist auch so: Vor uns taucht inmitten einer schmalen Urwaldschneise der helle Betonstreifen einer Landebahn aus dem dunklen Grün auf. Sanftes Aufsetzen, Ausrollen – da wären wir. Gleichmütig und wie selbstverständlich verkündet der Herr Flugkapitän, daß wir hier auf die bald von El Porvenir eintreffende größere Maschine warten müssen, die auf der Insel wegen der zu kurzen Runway nur halbbesetzt starten könne und hier mit uns sechs Personen komplettiert werde; sprach's und brauste ab zurück zur Insel.

Trotz des Zeitverlustes durch diesen raffinierten Relaisverkehr erreichen wir Panama City pünktlich und dort auch unser Flugzeug der Aero Islas de las Perlas, das uns eben vor Einbruch der schlagartig einsetzenden Dunkelheit zurück nach Contadora bringt. Ein traumhafter Sonnenuntergang beendet diesen erlebnisreichen Tag.

Kapitel 4

Indopazifik

Meine Frau meint unverblümt, ich sei nicht recht bei Trost: zweimal in einem Jahr Tauchurlaub in den Tropen, im Februar Karibik und nun im Herbst an den Indischen Ozean. Und dann sitzen wir doch wieder über den airtours-Prospekten und schwanken zwischen den Malediven, Mauritius und den Seychellen. Wir entscheiden uns für letztere, nachdem uns unsere zuverlässige Beraterin im Reisebüro das individuelle und hervorragend geführte Hotel »Fisherman's Cove« empfohlen hat.

Am 24. Oktober 1980 sitzen wir in einer altbewährten, angejahrten Boeing 707 der Lufthansa. Wir fliegen von Frankfurt aus mit Zwischenstop in Abu Dhabi am Persischen Golf. Da wir kurz vor 24.00 Uhr gelandet sind, werde ich in wenigen Minuten meinen 59. Geburtstag haben; meine Frau bittet um einen Sekt, was angesichts des Crewwechsels Probleme schafft. Der Hinweis auf den Anlaß führt aber zum Erfolg: ein Piccolo, ein Glas.

Auf dem Weiterflug verhilft mir die Visitenkarte eines LH-Flugkapitäns, der mit mir in der Seniorenmannschaft unseres Tennisclubs spielt, zum problemlosen Zutritt ins Cockpit. Hier erlebe ich während eines hochinteressanten Gesprächs über Navigation zu Wasser und in der Luft das Überqueren des Äquators. Dies zum zweiten Mal, das erste Mal 1938 als Seekadett auf einem Segelschulschiff. Damals zeigte man uns Greenhorns einen über das Fernglas gespannten Faden als Äquator, diesmal registriert ein Präzisionsinstrument Nordbreite: 5, 4, 3, 2, 1, NULL, Südbreite: 1, 2, 3, 4, 5. Und dazwischen liegen genau 42 Jahre!

Eine knappe Stunde noch, dann landen wir auf dem Victoria Airport der Hauptinsel Mahé. Im Taxi zum Hotel gibt es ein informatives Gespräch mit Pierre, dem Fahrer. Er bietet auch an, daß mir sein

Sohn die besten Tauchgründe zeigt; daraufhin wird er spontan zum Chefberater erkoren, sein Gefährt aber avanciert zum Stammtaxi.

Und dann liegt es vor uns, das Hotel »Fisherman's Cove«, dessen Name schlicht und einfach Fischerbucht bedeutet. Der erste Eindruck ist überwältigend: Die riesige Halle besteht aus einer mächtigen Balkenkonstruktion, die das gewaltige, sehr hohe und weit nach allen Seiten ausladende Dach trägt. Beide Stirnseiten sind offen. Dem Lande zu schützt das überhängende, mit Palmstroh gedeckte Dach die Autoanfahrt, nach See hin mündet der Hallenkomplex in eine weitläufige Terrasse. Rechter Hand findet man die Rezeption und die Verwaltung, links erstreckt sich, etwas tiefer gelegen und von einer wuchtigen Bruchsteinwand flankiert, der luftige Speisesaal. Nachdem wir unser Zimmer in einem der zweistöckigen, ganz im Kolonialstil errichteten Holzhäuser gesehen haben, sind wir sicher: Hier werden wir uns wohl fühlen, denn alles ist komfortabel, großzügig, weiträumig, gut klimatisiert und mit viel Mahagoni und anderen exotischen Edelhölzern ausgestattet.

In den ersten Tagen erkunde ich zunächst das nahe beim Hotel gelegene, in weitem Bogen die Bucht abschirmende Riff. Hier finde ich meine erste Silbermundturbanschnecke. Der beim Präparieren abfallende Gehäusedeckel, wissenschaftlich *Operculum* genannt, wird sorgfältig aufbewahrt. Von meiner Frau unbemerkt, werde ich ihn später zu Hause von unserem Juwelier zu einem attraktiven Anhänger fassen lassen; ein Weihnachtsgeschenk 1980, das meine Frau noch immer voller Stolz trägt und gerne vorzeigt. Diese Deckel werden übrigens in der Pforzheimer Schmuckindustrie verarbeitet und im Fachjargon wegen der frappierenden Ähnlichkeit als »Katzenauge« bezeichnet.

Doch zurück zu meinem Hobby. Am dritten Tag haben wir eine Fahrt mit dem Glasbodenboot hinüber zur Insel Moyenne gebucht; sie gehört einem englischen Journalisten, der dort etwas zurückgezogen lebt, was ihn jedoch nicht hindert, ein einfaches Restaurant zu betreiben, ein paar wildromantische Urwaldwanderwege in Ordnung zu halten, interessante Begebenheiten aus der faszinierenden und buntschillernden Geschichte der Seychellen-Inselgruppe zu erzählen und auf bescheidene Weise am Tourismus zu partizipieren.

Zum Schluß des Besuchs fahren wir zu einem vorgelagerten Korallenriff hinaus, wo die meisten Bootsgäste baden, einige faul an Bord bleiben und ich mich als einziger »voll ausgerüstet« über Bord fallen lasse und in der Tiefe verschwinde. Es tut sich vor mir ein herrliches Stück Unterwassernatur auf: Eine Unmenge lebender Korallen der verschiedensten Arten, Loch-, Geweih- , Hirn-, Fächer-, Finger- und Baumkorallen. Darüber und dazwischen vielerlei Erscheinungsformen der Korallenfische in den mannigfachsten Farbkombinationen, Schwarzweiß, Blaurot, Blaugelbgestreift, durchscheinendes Grün mit blauen Punkten sowie Zitronengelb und sattes Rot mit schwarzen Rändern, kurz, ein schier unbeschreiblich buntes Bild. Und am Meeresboden natürlich Schnecken und Muscheln in beachtlicher Vielfalt. An einem von den Badenden ausreichend entfernten Riffausläufer sehe ich beim zweiten oder dritten Tauchgang die erste Angehörige der Familie *Harpidae* (Harfenschnecken) seit Beginn meiner Tauch- und Sammelaktivitäten.

An die Oberfläche geholt, erkenne ich sie als *Harpa ventricosa* (Bauchige Harfe). Die Grundfarbe ist Orange-Beige mit drei großen schokoladenfarbenen, fast schwarzbraunen Flecken. Auf der Rückseite zeigt das Gehäuse zwischen deutlich ausgeprägten Rippen ein zartes Mäandermuster, so filigran, als stamme es aus einer japanischen Pinselzeichnung.

Wenige Tage später feiern wir ein Wiedersehen mit unserer Britten-Norman Islander, dem »Inselhüpfer«. Unwillkürlich denkt man an die karibische Start- und Landeproblematik, während unsere dreimotorige Maschine, vollgepackt mit ganzen zwölf Fluggästen, über den mit 2990 Metern Länge für vierstrahlige Düsenriesen ausgelegten Runway braust. Aber das Kontrastprogramm läßt nicht lange auf sich warten: Nach gut halbstündigem Flug landen wir auf der Nachbarinsel Praslin – auf einer Grasbahn.

Die Geschichte des Besuchs auf Praslin ist schnell erzählt. Wir erleben eine hochinteressante Führung durch ein Mixtum aus Ur-, Regen- und Palmenwald. Hier gibt es die wenig bekannten, nur in dieser Region wachsenden Coco-de-mer-Palmen, deren riesige Doppelfrüchte geschält und poliert als beliebtes (und teures!) Souvenir feilgeboten werden. Und schließlich beobachten wir noch den Black

Parrot, den schwarzen Papagei - neben den Riesenschildkröten das Paradetier der Seychellen. Auch für den Malakologen hält Praslin etwas Besonderes bereit: Während der zum Baden zur Verfügung stehenden Stunde finde ich in einer stillen, etwas abseits gelegenen Bucht ein paar wunderschöne Kauris, darunter eine besonders farbenprächtige Onyxschnecke.

Eine halbstündige Bootsfahrt zu der nahe gelegenen Insel La Digue rundet das Programm ab. Hoch auf dem Ochsenkarren geht es dann über das urwüchsige, vom Tourismus noch kaum berührte Gelände. Die kurze Badezeit nutze ich abermals zu einigen Tauchgängen, bei denen meine Sammlung um weitere seltene, mir bislang noch fehlende Exemplare verschiedener Kauriarten bereichert wird. Bei Einbruch der Dunkelheit erreichen wir wieder das Hotel; ein wenig erschöpft, aber begeistert von den vielfältigen Eindrücken und Erlebnissen.

Die letzte Woche unseres Aufenthalts auf Mahé ist angebrochen. Wenn wir uns den bisherigen Ablauf vergegenwärtigen, so fehlt uns eigentlich noch ein Gesamtüberblick über die Hauptinsel. Also mieten wir uns einen Minimoke, eine abenteuerliche Kombination aus kleinem Landrover, Safariauto und Sardinenbüchse, zu dessen Einstieg es einiger Verrenkungen bedarf; hat man es geschafft, so hockt man mit angezogenen Knien in einer höchst unbequemen Stellung. Dazu kommen für den Fahrer dann noch Linksverkehr und Rechtssteuerung. - Aber wir hatten ja das Abenteuer gesucht.

Nachdem ich das aus meiner Sicht schwierigste Problem, den Kreisverkehr, in der Hauptstadt Victoria gemeistert und die Ausfallstraße erreicht habe, zockeln wir gemütlich an der Küste entlang. Meine Frau fühlt sich vorerst nicht ganz wohl; es bleibt auch wirklich nicht viel Platz zwischen dem jetzt linken Beifahrersitz des offenen Wägelchens und den steil zum Meer abfallenden Randklippen. Aber auf die Dauer gewöhnt man sich an alles.

Unsere Fahrt führt uns einmal um und dann quer über die Insel; dabei passieren wir den höchsten Punkt der Straße mit knapp 500 Metern und Blick auf den 850 Meter hohen Morne Seychellois. Hervorzuheben sind der Besuch einer Teeplantage und ausgiebiges Tauchen in der Bucht Baie Ternay. Hätte ich geahnt, daß ich hier auf ein Tauchereldorado und ein wahres Malakologenparadies stoßen würde, ich wäre längst zu dieser herrlichen Ecke von Mahé gefahren. Ein prachtvolles Tritonshorn, Turban-, Frosch-, Skorpion-, Finger- , Helm- und Perlmuttschnecken, teils ein bis zweieinhalb Kilo schwer, werden im Korallenriff, in zerklüfteten Unterwasserfelsgruppen und auf blanken Sandflächen gefunden. Dann gerate ich noch in eine Kolonie diverser Kegelschnecken, und nun heißt es: Vorsicht!

Schnell tauche ich auf, verlange von meiner Frau die selbstgefertigte Aluminiumgreifzange, und wieder geht's nach unten. Meine Vorsichtsmaßnahme erweist sich als gerechtfertigt; die erste Schnekke, die ich mit der Zange packe und an die Oberfläche bringe, ist von der giftigsten Art: eine *Conus geographus* (Geografiekegel). Nachdem ich noch einige andere Kegelschnecken - ebenfalls giftige, aber auch harmlose - erbeutet habe, reichen mir Aufregung, Konzentration und Anspannung für den heutigen Tag; wir verstauen Ausrüstung und Beute im Auto und fahren einem ruhigen Abend entgegen. Mit einem herrlichen Sonnenuntergang und einem erstklassigen Glas Wein lassen wir den Tag ausklingen.

Zum Thema Kegelschnecken, von denen heute rund 300 Arten bekannt sind, hier noch eine kurze Erläuterung: Eine beachtliche Zahl dieser Mollusken verfügt über einen ebenso komplizierten wie wirkungsvollen Abwehr- und auch Angriffsapparat. Mit einem weit ausfahrbaren Rüssel kann ein über einen Schlauch mit einer Giftdrüse verbundener harpunenartiger Zahn in das Beutetier - einen kleinen Fisch, Krebs oder auch einen Genossen der Schneckenzunft - geschossen werden. Das injizierte Neurotoxin, ein zuweilen hochkonzentriertes Nervengift, wirkt lähmend oder gar tödlich. Allein auf den Seychellen hat es in fünf Jahren sechs Todesfälle gegeben, weil Menschen barfuß über Riffe gelaufen sind oder sich sonst leichtsinnig verhalten haben.

Wir faulenzen nun noch ein paar Tage, sagen dann »Adieu, Seychellen« und kehren mit einer Fülle von Erlebnissen und bleibenden Erinnerungen nach Deutschland zurück.

Kapitel 5

Ostpazifik

1980 zweimal hintereinander in die Tropen – in die Karibik und zu den Seychellen –, dann zweimal – 1981 und 1982 – mit Urlauben an den mediterranen Küsten Tunesiens und Kretas Abstinenz geübt. Es wird also wieder mal Zeit für eine Reise in die exotische Ferne zwischen den Wendekreisen des Krebses und des Steinbocks.

Stecken wir unsere Nasen erneut in die airtours-Prospekte. Wie hypnotisiert starre ich auf Seite 45: »Panama!« Das ist alles, was ich herausbringe. Zu kurz war meine insgesamt achtjährige Seefahrtszeit, um die großartige, von Menschenhand geschaffene Wasserstraße Panamakanal je durchfahren zu haben. Zu klangvoll ist in den Ohren eines Tauchers der Name »Islas de las Perlas« oder Perleninseln, um nicht überwältigt zu sein und kaum noch klar und nüchtern denken zu können. Meine Frau meint noch skeptisch: »Wer fliegt schon nach Panama?« Meine Antwort: »Wir!«

Am 6. Februar 1983 bringt uns eine Fokker-Friendship »City Hopper« von Düsseldorf nach Amsterdam, wo wir um 22.15 Uhr mit unserer Anschlußmaschine, einer McDonnell Douglas DC 10 der holländischen KLM, starten. Einem mitternächtlichen Zwischenstop in Lissabon folgen gegen 5.30 Uhr und 7.30 Uhr jeweils einstündige Aufenthalte auf den Flughäfen der venezolanischen Hauptstadt Caracas und der Niederländischen Antilleninsel Aruba. Endlich erreichen wir um 9.25 Uhr den International Airport »Omar Torrijos Herrera« von Panama City. Hier erwischt uns die erste – und einzige – Panne dieser Reise: Der avisierte Agenturfahrer bleibt aus, nach einer Dreiviertelstunde Wartezeit nehmen wir ein Taxi und gelangen problemlos zu unserem Hotel »El Panama Hilton«.

Nach einem erquickenden Schlaf bummeln wir am Nachmittag über die breite Küstenstraße Avenida de Balboa, besichtigen das gleichnamige, zu Ehren des Pazifikentdeckers hier errichtete Denkmal (Balboa glaubte zunächst bei seiner Isthmusüberquerung, einen Binnensee gefunden zu haben, was indes seine grandiose Leistung nicht schmälerte) und telefonieren schließlich noch mit unserer Agentur; andernfalls hätte man vielleicht unsere Anwesenheit völlig ignoriert und dann: Panamaprogramm, ade! So aber erwartet uns am anderen Morgen unser Fahrer mit einem geräumigen amerikanischen Wagen, schwenkt eine 20-Dollar-Note und ruft von weitem: »For your yesterday's taxi, Sir!«

»Früher oder später kommt jeder Globetrotter einmal nach Panama«, war am 27. Januar 1983 in einem Artikel der FAZ zu lesen. Während ich noch darüber nachgrüble, wie es kommen mag, daß Pedro, unser Fahrer, ausgerechnet mit der gleichen Feststellung unsere Stadtrundfahrt beginnen läßt, nähern wir uns bereits der Kanalzone. Die eingehende Besichtigung der Miraflores-Schleusen schließt in einer Art Freilichtbühne eine Tonbandinformation ein: Die Schiffe durchfahren einen Kanal, der 81,6 Kilometer lang, 90–300 Meter breit ist und eine Mindesttiefe von 12 Metern aufweist. Sie werden, wenn sie von Osten aus der Karibik kommen, in der dreistufigen Gatun-Schleuse 26 Meter hochgehoben, passieren den riesigen Gatunsee und im »Gaillard Cut« den Kordillerendurchstich. Durch die einstufige Pedro-Miguel-Schleuse und die bereits erwähnte doppelstufige Miraflores-Schleuse geht es dann wieder hinunter auf Meeresniveau und bei der Hafenstadt Balboa in den Pazifischen Ozean. Beim Verlassen der Kanalzone fahren die großen Seeschiffe unter der gewaltigen Hochbrücke Puente de las Americas durch, die im Zuge der Carretera Panamericana Alaska im hohen Norden mit Patagonien im äußersten Süden verbindet – zum Teil allerdings noch auf dem Reißbrett.

Pedro fährt zum Abschluß durch die heutige Altstadt von Panama City und dann zum Endpunkt unserer Stadtrundfahrt, zu den Ruinen von Panama la vieja, der alten spanischen Hafenstadt, die 1671 von Piraten zerstört worden ist. Den Spätnachmittag über schauen wir uns die Altstadt an, die als »heißes Pflaster« verrufen und deren abendlicher Besuch für Fremde nicht ratsam ist. Nachdem wir eine Erfrischung zu uns genommen haben, bringt uns ein Taxi in die Gegend der Banken und Hotels, der Geschäfte und Kirchen zurück.

Panama City ist Dreh- und Angelpunkt von gewaltigen Verkehrsströmen, Schnittstelle des Schiffahrtswegs zwischen Asien und Europa und des Landtransports zwischen Nord- und Südamerika, ist mächtige Finanzmetropole mit Banken aus aller Herren Länder, Zentrum eines umfangreichen Diamanten-, Gold- und Devisenhandels sowie eine Mischung aus Sauberkeit, ja geradezu nordamerikanischer Sterilität, und schmutzstarrenden Elendsvierteln, Slums an den Stadträndern, über denen ein säuerlicher Gestank von Fäulnis liegt.

Am nächsten Vormittag chauffiert Pedro uns zum Domestic Airport, dem Inlandsflughafen, von wo aus auch die »Aerolinea Islas de las Perlas« startet. Ebenso exotisch wie der romantische Name dieser Fluggesellschaft wirken die zweimotorigen 20sitzigen Propellermaschinen vom Typ Twin Otter. Eine von ihnen bringt uns im 20-Minuten-Flug zu unserem Ziel, der rund 100 Kilometer entfernten Trauminsel Contadora. Hier, am Golf von Panama, werden wir drei Wochen verleben.

Sparen wir uns ausführliche Schilderungen des Hotels und der zugehörigen Einrichtungen; es ist dem Hotel auf den Seychellen vergleichbar, ebenfalls im Kolonialstil gehalten, und man vermißt keines der Attribute an Komfort, die ein gutes Tropenhotel auszeichnen.

Die Insel ist vier Kilometer lang, sechshundert Meter breit (was exakt der Start- und Landebahn entspricht, die quer zur Längsausdehnung verläuft und auf beiden Seiten in kühnen Abbruchkanten endet) und relativ dicht bewaldet.

Abgesehen davon, daß man fast alle Stellen bequem zu Fuß erreichen kann, gibt es noch ein kostenloses öffentliches Verkehrsmittel: den vorsintflutlichen, aber leistungsfähigen und stets überfüllten Bus. Ein offener, mit zwei längsstehenden Bänken links und rechts bestückter und von einem gestreiften Sonnensegel überspannter Pritschenwagen. Haltestellen gibt's keine; will man mit, genügt ein Winken, will man raus, donnert man mit der Faust auf das Dach der Fahrerkabine.

Auf der Insel lebt auch Ed Dougan, mein künftiger Tauchführer. Wir treffen ihn, als er von einem seiner beiden Boote durchs flache Wasser watet und zu seiner »Marina«, einer offenen, schilfgedeckten

Strandhütte, geht, die bald Operationsbasis mannigfaltiger Tauchexkursionen sein wird.

Wir kommen ins Gespräch. Er klagt, daß fast nur müßige Südamerikaner auf der Insel seien und daher in seinem Geschäft eine Flaute herrsche. Da sich sein Geschäft nur lohnt, wenn pro Bootstrip wenigstens zwei zahlende Personen an Bord sind, vereinbaren wir, daß meine Frau bei Tauchfahrten immer mit von der Partie sein wird. So stimmt bei ihm die Kasse, und ich kann, wann immer die Witterungs- und Gezeitenverhältnisse günstig sind, über sein Boot und über ihn und seine exzellenten Kenntnisse verfügen.

Seine Ortskenntnis aller Inseln, Inselchen, Buchten und Riffs, Korallenbänke und Spezialtauchgründe, Muschel- und Schneckenpopulationen und deren besondere Vorkommen, ist für mich von unschätzbarem Wert, daß wir dann auch noch gute Freunde werden – wir korrespondieren noch heute miteinander –, komplettiert die ohnehin schon optimalen Voraussetzungen.

Drei Tage sind vergangen, und wir haben uns akklimatisiert. Ausflüge zum unmittelbar vor dem Hotelstrand liegenden, bei Ebbe halb aus dem Wasser ragenden Riff haben uns schon einige hübsche Stücke der Art *Thais melones* (Kürbisschnecke) eingebracht. Meine erste größere Tour führt einfach nach See hinaus, weg vom Strand. Hier, etwa 600 bis 700 Meter vom Ufer entfernt, entdecke ich das große Korallenfeld, das ich noch sehr oft besuchen werde. Es genügen ein paar Tauchgänge mit einer Tauchtiefe von je fünf bis sechs Metern, um einige der schönen orange-weißen (und natürlich abgestorbenen, also verkalkten), tellergroßen Korallen mit an Land zu bringen.

Nicht weil daheim Karnevalssamstag ist, sondern weil es sich so ergeben hat, sitzen meine Frau und ich in der Bar unseres Hotels »Contadora Resort & Casino«. Vor uns steht das Nationalgetränk »Piña Colada«, ein Tropendrink aus Ananassaft, Kokosmilch, weißem Rum und ein paar Geheimzutaten.

Wir sprechen über unsere bisherigen Erlebnisse und über Land und Leute. Als meine Frau dann feststellt, daß dies eine Reise ganz besonderer Art ist, weil wir bisher noch keine Landsleute getroffen haben, meldet sich eine Männerstimme vom Nachbartisch: »Aber jetzt habt ihr!« Es sitzen dort zwei Herren im Alter von Mitte bis Ende Dreißig. Wir bitten sie zu uns. Der eine stammt aus Osnabrück, ist gelernter Banker und wurde vom Stammhaus einer Schweizer Bank zur Panama-Filiale entsandt; hier machte er sich nach einigen Jahren als Diamanten-, Gold-, Silber- und Devisenhändler selbständig. Außerdem gehören ihm noch eine ganze Reihe von Kinos in Panama City. Der andere kommt aus Hamburg, ist Repräsentant eines weltbekannten italienischen Schokoladenherstellers und besitzt eine Fabrik für Sanitärbedarf. Beide sind von Panama zu einem Kurzurlaub nach Contadora herübergekommen und bewohnen das Ferienhaus eines Freundes, in das sie uns spontan zu einer Grillparty einladen. Auf unsere Frage nach der Uhrzeit hören wir: so ab 20 Uhr.

Was wir noch nicht wissen können ist, daß man in Panama um neun, halb zehn oder auch viertel nach zehn zu kommen pflegt. Als gute Deutsche kreuzen wir, bewaffnet mit einer Flasche weißen Rums anstelle der nicht beschaffbaren Blumen, um 20.15 Uhr bei der angegebenen Adresse auf. Natürlich sind wir viel zu früh.

Mit Drinks bewaffnet sitzen wir herum, plaudern und beobachten den Gastgeber, wie er von einem Holzstück Späne zum Anzünden der Grillkohle schnitzt. Der »Scheiterhaufen« wird auf dem Steinboden der Terrasse errichtet, dann werden vier Coladosen aufgebaut, von denen eine noch schnell leergetrunken werden muß. Darauf wird ein Eisenblech gelegt, in das man zackige Löcher geschlagen hat – fertig ist der Grill. Aller Improvisation zum Trotz zaubern unsere Gastgeber ein fantastisches Essen mit zarten Steaks, wundervollen tropischen Salaten und scharfen Soßen mexikanischer bis brasilianischer Provenienz; Getränke exotischster Art – hin und wieder abgelöst durch ein Becks Exportbier aus Bremen – runden das Essen ab. Ein traumhafter Sonnenuntergang sorgt für die malerische Kulisse, die zu solch einem Abend einfach dazugehört.

Am 13. Februar machen wir mit einem größeren Boot noch einen Allerweltstouristenausflug zur Insel Boyarena, deren riesiger Spülsaum mit Tausenden von meist beschädigten Muscheln und Schneckengehäusen übersät ist; ein rechter Tummelplatz für Souvenirjäger. Auch von diesem Ort zieren einige sorgfältig ausgesuchte Muschelschalen meine Sammlung.

Doch ab jetzt wird es professioneller zugehen. Es ist Mittwoch, der 16. Februar 1983, Aschermittwoch. Zu Hause herrscht vermutlich Katerstimmung, hier aber frohe Erwartung. Ed hat sein Boot klargemacht, und wir starten um die Mittagszeit in Richtung Mogo Mogo, einer stark bewaldeten, unbewohnten Insel. Für 14.30 Uhr ist Niedrigwasser angesagt. Da verkündet Ed seelenruhig, daß wir in unserem Operationsgebiet mit *Sharks,* Haien, rechnen müssen; es handle sich um sogenannte Ammenhaie, die harmlos seien. Ich meine dazu: »Du bist der Experte und mußt es wissen - aber hoffentlich wissen die lieben Tierchen es auch!«

Eine zweieinhalbstündige Fahrt ist zu Ende, das Ziel erreicht. Der Anker fällt. Wir beginnen zu tauchen. Ich halte mich vorerst noch in Eds Nähe, aber nach kurzer Zeit wird die Entfernung größer. In etwa fünf Meter Tiefe habe ich schon drei Exemplare der *Hexaplex regius,* der Königlichen Stachelschnecke, pinkfarben mit schokoladenbraunem Fleck an der Mündung, gefunden und beim Boot abgeliefert. Als nächstes entdecke ich fast nebeneinander je eine *Strombus galeatus* (Helmflügelschnecke) und *Strombus peruvianus* (Peruflügelschnecke). Als ich zum Abtauchen ansetze, durchfährt mich ein eisiger Schreck: zwei Haie! Harmlos, ich denke an Eds Worte, aber es hilft nichts, mir ist immer noch mulmig zumute. Aber ich habe mich wenigstens soweit gefaßt, daß ich nicht versuche, überhastet von der Stelle wegzukommen; ich verharre ruhig an der Wasseroberfläche, schaue durch die Maske nach vorn und warte ab. Nach einigen Minuten drehen die nach meiner Einschätzung riesigen Fische ab. Und dann bin ich kaltschnäuzig genug, mir die beiden vor der aufregenden Begegnung entdeckten Schnecken doch noch zu holen.

Später meinte Ed, der als Tauchführer natürlich ein paar wunderschöne Stücke heraufgeholt hatte, mit denen er generös meine Beute ergänzte: »Ich war seitlich neben dir, sie waren zirka 15 Meter von uns entfernt und etwa 2,5 bis 3 Meter lang; hast dich gut gehalten, old fellow!« Meiner Frau habe ich erst im Flugzeug, nachdem wir vom Caracas Airport zum Nonstop-Heimflug abgehoben hatten, von diesem Abenteuer erzählt.

Für den nächsten Tag hat Ed uns zum Five o'clock tea eingeladen; ich hatte ihn schon immer für einen Neu-Engländer gehalten, jetzt war ich mir sicher: Er war einer. Seine Heimat ist die Insel Nantucket im Staate Massachusetts, wo er mit seiner Frau Anita auch heute noch seinen ersten Wohnsitz hat. Für die Winterzeit haben sie noch eine Zweitwohnung in Miami, im Sonnenscheinstaat Florida. Die für Tropenaufenthalte besten Monate Dezember bis März verbringen die Dougans in Panama; vier Jahre lebten sie auf den San-Blas-Inseln bei den Cunas, jetzt sind sie zum fünften Mal auf den Islas de las Perlas. Ed war während des Vietnamkrieges Sprachlehrer für südvietnamesische Offiziere und quittierte nach Kriegsende seinen Militärdienst als Oberstleutnant der US Army.

Anita lernen wir als eine aparte Frau und charmante Gastgeberin kennen. Sie ist gebürtige Engländerin und eine ganz hervorragende Malerin; ihre Bilder sind in Stricheltechnik gehalten. Sie gefallen uns sehr. Keine Frage, daß wir einige davon als Geschenk mit nach Hause nehmen können. Anita wurde vom Schicksal hart geschlagen; die Folgen einer Kinderlähmung im Erwachsenenalter zwingen sie, sich mit Hilfe von Krücken fortzubewegen. Sie ist aber dennoch ein optimistischer, fröhlicher Mensch geblieben.

Die Zeit verrinnt mit interessanten Plaudereien, wobei ich für meine Frau, die nur mit ein paar Brocken Schulenglisch aufwarten kann, den Dolmetscher spielen muß. Nachdem Ed und ich uns gegenseitig versichert haben, die Lebens- und Berufsgeschichte des anderen »very interesting and quite unusual« zu finden, klingt dieser Teenachmittag mit der Feststellung aus, daß wir – Geschäft hin und Business her – wirkliche Freunde geworden sind.

Während der nächsten Tage ist Ed anderweitig beschäftigt; eine größere Gruppe von Kanadiern ist für ein paar Tage eingefallen, macht Wirbel, okkupiert das Inselgeschehen und belegt sein Boot mit Beschlag.

Es ist Sonntag, ein ruhiger Tag; die Kanadier sind abgereist, es ist still und friedlich. Ed und sein Boot mit dem beziehungsreichen Namen »Scuba panama« (etwa: Panamataucher) gehören wieder uns. Auf dem Fangprogramm stehen heute in erster Linie *Pinctada maxima,* Perlaustern, nach denen der Archipel im Golf von Panama benannt ist, und *Hexaplex callidinus,* schwarze Stachelschnecken.

Wir sind schon länger als zwei Stunden unterwegs auf unserer

»Casayeta-Riff-Expedition«, als Ed wieder mit einer seiner berühmten Überraschungen aufwartet: »Mach der Lilo mal klar, daß sie am Casayeta-Riff nicht an Bord bleiben kann. Dort ist schlechter Ankergrund, und mir ist während des Tauchens schon etliche Male das Boot abgetrieben. Da sind 'ne Menge Unterwasserrocks, und das wäre mir für dein Goldstück zu gefährlich; wir werden sie in der Nähe auf einem Inselchen für eine gute Stunde absetzen!«

Das Inselchen erweist sich als bessere Sandbank, ein paar hundert Meter lang und knapp fünfzig Meter breit. Ed studiert die Miene meiner Frau, offensichtlich geharnischten Protest erwartend. Aber er kennt sie noch nicht lange genug: »Zigaretten und Feuer habe ich, Treibholz und trockenes Buschwerk für Rauchsignale gibt es auch, falls ihr absaufen und mich allein zurücklassen solltet, also haut schon ab, ihr Desperados!«

Casayeta-Riff. Ed erklärt mir noch die Strömungsverhältnisse und warnt vor den stellenweise äußerst scharfkantigen Felsen. Dann tauchen wir ab. Eine wildzerklüftete, mit verschiedenem Seegras und Tang bewachsene Felslandschaft tut sich vor meinen Augen auf. Rhythmisch wiegen sich Gras und Tang im kräftigen Wellenspiel hin und her. Dazwischen größere und kleinere Schwärme buntschillernder und hell glitzernder Fischleiber im vom Wasser tausendfach gebrochenen Sonnenlicht. Ich bin fasziniert. Und dann Muscheln und Schnecken in großer Zahl; mühsames Suchen und Aufspüren entfällt. Sehen und vom Fels ablösen genügt.

Bald habe ich fünf Stachelschnecken und drei geschlossene Perlaustern heraufgeholt und zum Boot gebracht. Damit soll es genug sein. Plötzlich stößt Ed, der bisher beobachtend und überwachend am Riff entlanggepaddelt war, direkt unter unserem Boot nach unten. Was mag er wohl entdeckt haben? Da kommt er auch schon wieder in voller Fahrt nach oben, schießt ein ordentliches Stück aus dem Wasser heraus, schwenkt in der Rechten eine kapitale Tonnenschnecke, reißt mit der Linken den Schnorchel aus dem Mund und ruft - nach unten deutend: »Noch eine!« Die Tiefe mit rund sechs Meter abschätzen, dreimal fest durchatmen und abtauchen sind eins. Ich erspähe das runde, teils mit Sand bedeckte Etwas in einer Entfernung, für die dieser Tauchgang noch reichen müßte. Also drei, vier Meter am Meeresboden entlang, zugepackt und aufwärts. Wenige Meter vom Heck der »Scuba panama« entfernt, erreiche ich die Oberfläche. Mit ein paar Flossenschlägen schwimme ich hin zum Boot, wo Ed mir die Schnecke abnimmt und mir, nachdem ich die Flossen im Wasser abgestreift habe, über den hohen Dollbord ins Boot hilft.

Dann geht es mit voller Kraft zurück zur Sandbank, um meine Frau von ihrer Geduldsprobe zu erlösen. Sie ist sichtlich erleichtert, uns wiederzusehen und freut sich mit uns über den beachtlichen Taucherfolg. Meine *Malea ringens* (Grinsende Tonne) ist wertvoll, die von Ed dagegen ein Prachtstück von makelloser Schönheit; beide werden in meiner Sammlung immer wieder bewundert.

Im Hotel angekommen, hat meine Frau noch eine besondere Überraschung bereit: Sie erzählt, daß der Strand ihrer Sandbank von Hunderten und aber Hunderten von Muscheln übersät gewesen sei und präsentiert davon einen ganzen Plastikbeutel voll. Es sind ausnahmslos Olivenschnecken der Art *Oliva polpasta* (Teigolive) mit apartem Gittermuster.

Unser Aufenthalt auf Contadora endet abenteuerlich. Meine Frau bittet mich, aus dem schon erwähnten Korallenfeld noch ein paar Stücke zum Verschenken zu holen. Dort angekommen, sehe ich am Boden eines weiten Trichters eine ganze Menge etwa faustgroßer Korallenstöcke. Schnell hole ich einige herauf und verstaue sie in meinem Netz am Gürtel. Schon auf dem Rückweg entdecke ich dann ein besonders schönes Exemplar, schieße nach unten und ... mitten hinein in eine Ansammlung schwarzgelb gestreifter Seeschlangen! Mit den Händen, die durch die Taucherhandschuhe eine besonders breite Fläche haben, bremse ich die Abwärtsbewegung jäh ab, werfe mich herum, bin mit zwei wilden Flossenschlägen wieder oben und ab geht es in einem Mordstempo Richtung Strand. Als meine Frau mich – und natürlich auch die Korallen – am Ufer in Empfang nimmt, meint sie, mein Spurt zurück zur Küste sei absolut rekordverdächtig gewesen.

Drei Tage vor unserer Abreise mache ich noch eine harmlose, aber unangenehme Erfahrung: *Mal agua,* schlechtes Wasser, nennen es die Einheimischen: kleine, an bis zu anderthalb Meter langen Schleimfäden aufgereihte Quallen, deren Berührung auf der Haut ein quälendes Brennen und Jucken verursacht. Widerfahren ist mir dieses Malheur, als ich, ausgerüstet mit einer von Ed geborgten Unterwassertaschenlampe, auf Nachtjagd ging. Ich hatte eben voller Freude drei Raritäten der Spezies *Oliva porphyria* (wegen der braunroten Färbung und der zeltartigen Musterung als Purpurzeltolive bezeichnet) eingesammelt, als ich ein schmerzhaftes Brennen verspüre. Anders als bei dem ähnliche Symptome aufweisenden Scharlach oder bei Nesselfieber, war das Übel nach ein paar Stunden abgeklungen. Noch heute bin ich heilfroh, daß mir eine Begegnung oder gar Berührung mit der »Portugiesischen Galeere« erspart geblieben ist, jener pazifischen Quallenart, deren Nesselgift je nach Grad der Konzentration schwere gesundheitliche Schäden verursachen und sogar tödlich wirken kann.

Der Abschied von Anita und Ed Dougan ging uns und unseren neuen Freunden gleichermaßen unter die Haut. Einchecken auf dem Panama City International Airport. Koffer auf die Waage: 53 Kilo. Dazu der KLM-Mann: »Was ist denn das?« Meine Antwort: »Auch ich bin erstaunt, daß Ihre Waage defekt ist.« Er lacht und gibt sein Okay. Dann müssen wir noch eine zweite Klippe passieren: Wir steigen - meine Frau mit zwei, ich mit drei Reisetaschen behangen - die Gangway hoch. Auf den Einwand der Stewardeß, mehr als ein Stück Kabinengepäck pro Person sei nicht zugelassen, antworte ich: »Verstehen Sie doch bitte, ich habe beim Tauchen einige Muscheln mehr gefunden als ursprünglich vorgesehen war (irgendwie mußten 400 Exemplare mit 25 Kilo Gewicht ja verteilt werden).« Schon entsteht Unruhe unter den Fluggästen hinter uns. Schließlich kommt das erlösende: »Go on!« - Geschafft. »Captain van de Vliet and his crew would like to welcome you on board of our DC 10 on our flight via Curaçao and Caracas to Amsterdam. We wish you a pleasant flight«, tönt es aus dem Bordlautsprecher. Adiós Panama! Europa hat uns - fast schon - wieder.

Zu unseren ostpazifischen Reiseerlebnissen gehört auch mein kalifornischer Tauchaufenthalt. Er war kurz, ein zweitägiger Stop, eingeschoben zwischen eine 10-Tage-Rundfahrt Arizona–Utah–Nevada–Kalifornien und unsere zweiwöchige Hawaiireise, über die ich im siebten Kapitel berichten werde.

Ich hatte mir die Los Angeles vorgelagerte Insel Santa Catalina zum Ziel gewählt, weil ich hoffte, dort Meerohren, Schnecken der Gattung *Haliotis,* zu finden. Man kennt zur Zeit etwa siebzig lebende Arten. Die an der kalifornischen Küste vorkommenden sitzen überwiegend an Unterwasserfelsen in großen Feldern von Riesentang. Diese abnorm hohen Pflanzen wirken zunächst etwas unheimlich, aber was nimmt man als Malakologe für außergewöhnliche Schalen oder Gehäuse nicht alles in Kauf.

Außergewöhnlich sind die Meerohren in mehrfacher Hinsicht: Einmal sehen sie aus wie Muscheln, sind aber Schnecken, also mit einteiligem Gehäuse; zum zweiten weisen die Behausungen etwa sieben bis neun Löcher auf, durch die das Atemwasser eingestrudelt wird; zum dritten sind sie von außen unansehnlich wie graubrauner Fels, wogegen das Innere mit einer wunderbar irisierenden Perlmutschicht ausgekleidet ist. Die eßbaren Tiere werden kommerziell gefischt, und aus Gründen des Artenschutzes ist eine Mindestgröße gesetzlich vorgeschrieben. Wer kein Profifischer ist, darf maximal fünf Exemplare entnehmen.

Mein Ziel ist es, von mehreren Arten je ein möglichst großes und gutes Stück zu finden.

Es bedarf bei unruhiger See mit schwierigen Sichtverhältnissen schon einiger Anstrengungen und etwa eines Dutzends an Tauchversuchen, um je ein handtellergroßes Meerohr der Spezies *Haliotis cracherodii* (Schwarzes Meerohr), *Haliotis rufescens* (Rötliches Meerohr) und *Haliotis corrugata* (Runzeliges Meerohr) heraufzuholen. Als ich dann noch eine meist nur unterhalb der kalifornisch-mexikanischen Grenze bei der Halbinsel Baja California, Golf von Kalifornien, vorkommende *Hexaplex nigritus* (Trauerschnecke) finde, kennt meine Freude kaum ein Ende; der kurze, aber intensive Einsatz hat sich mehr als gelohnt.

Kapitel 6

Westpazifik

Bei unserer Urlaubsplanung für das Jahr 1984 bricht eine bisher kaum verspürte Südseesehnsucht durch. Was ist eigentlich Südsee? Im Lexikon heißt es lapidar: der Südwestteil des Pazifischen Ozeans. Einigen wir uns darauf, daß sie aus drei großräumigen Inselgebieten besteht: Polynesien (Vielinselland), Melanesien (Schwarzinselland) und Mikronesien (Kleininselland). Und damit haben wir die Qual der Wahl – wohin?

Und wieder hilft der bewährte airtours-Katalog, der diesmal wörtlich zitiert werden soll:

»Tauch- und Badeträume werden wahr: im Reich der ›winzigen‹ Inseln, der Lagunen und Atolle. Aus dem schimmernden Türkis eines Meeresgebiets, so groß wie die USA, ragen 2114 Miniinseln empor: Mikronesien. Die Spitzen eines riesigen vulkanischen Unterwassergebirges, die von der Natur mit üppigem Grün bedeckt, mit weiten Korallenriffen und weißen Stränden gesäumt wurden. Frühere Kraterränder verwandelten sich zu palmenbestandenen Atollen und Lagunen – wie Truk, eines unserer neuen Ziele.

In der bis zu 60 Kilometer breiten, mit Inseln besprenkelten Lagune haben die Zeit und das Meer aus einer Kriegstragödie ein einzigartiges Unterwassermuseum gemacht: Unzählige Schiffs- und Flugzeugwracks, mit Korallen und Seeanemonen überzogen, zwischen denen sich bunte Tropenfische tummeln; ein Traum für Taucher und Schnorchler!«

Der Leser ahnt sicherlich, daß die Entscheidung nur lauten konnte: Mikronesien! Wir machen von der angebotenen Möglichkeit einer flexiblen Gestaltung der Reise Gebrauch und buchen für die erste Woche Guam, für die zweite Woche Truk und für die dritte Woche wieder Guam mit einem Abstecher nach Saipan.

Es ist Samstag, der 4. Februar 1984. Wir sitzen in einer DC 10 der Lufthansa und befinden uns im Landeanflug auf Manila. Ortszeit: 17.20 Uhr. Zwei interessante einstündige Zwischenstops in Bombay und Bangkok mit einem ersten Einblick in die asiatische Völkervielfalt liegen hinter uns. Hinter uns liegen auch umfangreiche Reisevorbereitungen inklusive einer Reihe von Schutzimpfungen und der vorgeschalteten Malaria-Prophylaxe.

Achtzehn Stunden waren wir unterwegs und haben dabei eine Distanz von 12000 Kilometern überwunden. Doch die Strapazen des langen Fluges sind schnell vergessen. Am Flughafen wartet ein Fahrer mit einem komfortablen Wagen, der uns rasch zum »Holiday Inn Hotel« an der Manila Bay bringt und sich für morgens 9.00 Uhr zur Pagsanjan-River-Fahrt ansagt.

Erst einmal schlafen wir ein paar Stunden, und dann bummeln wir am späten Abend bei erträglicheren Temperaturen noch ein wenig die imponierende Küstenstraße, Hauptverkehrsader und Uferpromenade zugleich, entlang.

Am nächsten Morgen geht es anfangs in flotter Fahrt durch Manila, doch dann werden wir durch Umleitungen gezwungen, einige Slums zu durchqueren. In diesen Elendsvierteln quält sich der Wagen über Straßen, die eher an eine Kloake erinnern. Der darüber liegende Gestank ist unerträglich und verursacht, da wir wegen der Hitze alle Fenster geöffnet haben, fast einen Brechreiz. So präsentiert man uns ungewollt auch die Kehrseite einer ansonsten faszinierenden Weltstadt.

Nach etwa einhundert Kilometern erreichen wir, an einer ausgedehnten Reisanbau-Versuchsstation vorbeifahrend, den Pagsanjan River. Noch wenige Minuten und wir sind am Ziel angelangt, an der Einbootungsstelle für unsere 14-Stromschnellen-Fahrt.

Beim Anblick der schmalen Kanus wird uns etwas beklommen zumute. Diese Fahrzeuge sollen zwei Passagiere aufnehmen und vorn und achtern noch mit je einem Bootsmann besetzt werden. Es geht gut, es klappt sogar vorzüglich. Etwa anderthalb Stunden paddeln die beiden Filipinos mit unserem Kanu stromauf, manövrieren es mit geradezu halsbrecherischer Akrobatik, mit atemberaubender Geschicklichkeit und unter abenteuerlichsten Balanceakten durch insgesamt 14 Stromschnellen, *Rapids* genannt, hindurch; dabei werden die Schnellen und Strudel, je nach Erfordernis, schräg, quer oder auch frontal angegangen. Zwei besonders tückische Hindernisse werden mit Hilfe einer in die Stromschnelle eingebauten, rutschenartigen Konstruktion aus zwei nebeneinanderliegenden Baumstämmen überwunden; dabei stehen beide Bootsleute hinten im Wasser, drücken das Heck nach unten - während wir unser Gewicht nach rückwärts verlagern - und schieben den hochragenden Bug auf die hölzernen Gleitschienen. Ein letzter kräftiger Schubs, und wir befinden uns auf eineinhalb Meter höherem Niveau.

Es hat zwar sehr viel Spaß gemacht, aber wir sind doch erleichtert, als wir das Ziel, einen aus etwa dreißig Metern Höhe über steile Felswände herabstürzenden Wasserfall, erreicht haben; hier endet die für kleine Boote schiffbare Strecke des Pagsanjan-Flusses.

Klatschnaß sind wir geworden, die Geldbörse in der Hosentasche und die Dollarnoten darin sind reif zum Auswringen. Eine kurze Erholungspause für die Bootsleute, Zeit für einen Rundblick und ein paar Schnappschüsse, dann zieht die mittlerweile auf etwa zwei Dutzend Fahrzeuge angewachsene Kanukarawane wieder flußabwärts; diesmal ein wenig schneller und leichter, weil mit dem Strom. Auf dem Heimweg kommen wir mit dem Auto noch an einer riesigen Betonmole vorbei, auf der Hunderte von Frauen in althergebrachter Weise ihre Wäsche waschen. »Größte Waschmaschine der Welt«, kommentiert unser Fahrer.

Den uns noch verbleibenden Tag auf den Philippinen nutzen wir zu einem Besuch des Fischerdörfchens Las Piñas, das wir nach einer knappen Stunde Taxifahrt von Manila aus erreichen. Hauptattraktion sind diesmal nicht die Schnecken und Muscheln, sondern ist ein uraltes Kloster. Dessen Kirche birgt in ihren Mauern einen kostbaren Schatz: die weltberühmte Bambusorgel aus dem Jahr 1824 mit über 901 Bambus- und 129 Zinnpfeifen. Von der damit erzeugten Klangfülle und der eigenartig weichen Tonqualität der Bambuspfeifen können wir uns überzeugen, als das Instrument für eine vor uns eingetroffene Besuchergruppe gespielt wird.

Bei unserer Rückkehr in die Heimat erfahren wir, daß dieses einmalige Musikinstrument 1974/75, also rund ein Jahrzehnt vor unserem Besuch, von dem bekannten Bonner Orgelbauunternehmen Johannes Klais in langwieriger Arbeit restauriert und damit vor weiterem Verfall gerettet wurde.

Selbstverständlich habe ich auch in Las Piñas den einladenden Wassern des Indischen Ozeans nicht widerstehen können. Etliche interessante, zum Teil auch seltene Muscheln und Schnecken in der Abteilung »Indopazifik« meiner Sammlung stammen von hier.

Eine Boeing 727 der Continental Airways of Micronesia bringt uns nach Guam. Dort erwartet uns im Hilton der übliche Willkommensgruß in Englisch, doch zu unserer Überraschung mit dem deutschen handschriftlichen Zusatz: »Herzlich willkommen!« Des Rätsels Lösung: Der Manager ist Deutscher, heißt Schücking und stammt aus Münster; wir werden mit dem Ehepaar noch manche schöne Stunden bei abendlichen Drinks, beim Tennisspiel und beim Baden verbringen.

Schnell leben wir uns ein. Beim Barriere-Riff, das die Hotelbucht in weitem Bogen umspannt, bieten sich sehr gute Tauchmöglichkeiten. Ich gehe erfolgreich meinem Hobby nach, die Abende sind kurzweilig und häufig von traumhaften Sonnenuntergängen begleitet – die erste Woche auf Guam ist schnell vergangen.

Wir lassen unser Hauptgepäck im Hotel und verlassen das zu den Marianen gehörende Guam Richtung Südosten; nach eineinhalb Flugstunden und einer Strecke von 1000 Kilometern überfliegen wir noch einige Eilande der Karolinen-Inselgruppe und landen auf Moen Island, der Hauptinsel im Truk-Atoll.

Als Taxis dienen offene Pritschenwagen, auf denen genügend Platz für unser Kleingepäck vorhanden ist; der Sitzkomfort auf den Kanten der seitlichen Ladeklappen ist dagegen miserabel. Wir handeln den Fahrpeis von drei auf einen Dollar herunter und zahlen dennoch das Doppelte des regulären Preises, wie uns später im Hotel erklärt wird. Die Anlage des »Truk Continental« ist der des Hotels auf Contadora zum Verwechseln ähnlich; vermutlich bedingen die vielerorts vorkommenden Mahagonihölzer allein schon eine gewisse Normung der Tropenhotels.

War Guam – seit 1898 amerikanisches Territorium (während des Zweiten Weltkriegs von 1941–1944 japanisch besetzt), zu einem drittel seiner Fläche Luft- und Marinebasis und im Scherz oft als das Mallorca der japanischen Urlauber bezeichnet – deutlich vom »American way of life« geprägt, so präsentiert sich Truk, obwohl US-Treuhandgebiet, im Verbund der Vereinigten Staaten von Mikronesien merklich anders.

Truk ist unverkennbar eine Südseeinsel mit einem eigenen Flair. Da fallen schon bei der Landung die typischen Kokospalmen entlang der Flugpiste auf, deren Stämme zum Meer hin eigenartig abgeknickt sind. Da liegen im Hafen Fischerboote, deren Rümpfe und Bordwände nur noch Relikte abbröckelnder Farbe aufweisen. Das eine oder andere Wrack, teils noch aus dem Krieg stammend, leistet ihnen Gesellschaft. Da gibt es jede Menge ausgemusterter Benzinfässer, im ganzen Ort verstreute oder zu einer Art Straße aneinandergereihte wellblechgedeckte Häuser oder Hütten – und über allem die dominierende Farbe des Rostes, von hellem Rot bis Rotbraun.

Natürlich gibt es keine befestigten Straßen, aber Wege mit großen, kraterförmigen Schlaglöchern in die ein halbes Auto problemlos hineinpassen würde. Der dürftige Kraftwagenverkehr verläuft slalomartig und funktioniert reibungslos; Autounfälle haben wir während unseres Aufenthalts nicht erlebt.

Und dann die Menschen: fröhlich, freundlich, hilfsbereit und mit einer durch nichts zu erschütternden Gelassenheit ausgestattet. Auffallend auch der wiegend-tänzelnde Gang der Frauen, die fast ständig ein Lied vor sich hinsummen, ihr ausgeprägtes Rhythmusgefühl und ihre Musikalität.

Die Inseln im Truk-Atoll sind glücklicherweise noch nicht vom Tourismus überrannt und geschädigt. Dorthin verschlägt es in erster Linie die etwas spleenigen Taucher, die die Einsamkeit nicht abschreckt, sondern anzieht. Sie zerstören das Südseeflair keinesfalls; eher tragen sie zu dessen Erhaltung bei.

Am zweiten Tag meines Aufenthalts spreche ich einen Hotelgast an, auf dessen großem, sportlich durchtrainiertem Körper ein T-Shirt mit der Rückenaufschrift »Kiel« prangt, und frage, ob er das von der Kieler Woche mitgebracht habe. Darauf er: »Nein, aber ich meine, Landsmann, wir können ruhig deutsch miteinander sprechen.« Er bittet uns an seinen Tisch und stellt sich als Klaus Lindemann,

Ludwigshafen, vor. Seine Frau ist Amerikanerin und er doch wohl nicht der berühmte Autor von *Hailstorm over Truk Lagoon*, des Buches, das ich gerade heute morgen an der Rezeption gekauft habe? Er ist es und hat zusammen mit seinem einheimischen Freund und Tauchgefährten Kimiuo Aisek Jahr für Jahr ausgedehnte Tauchexpeditionen im Truk-Atoll unternommen und eine beachtliche Zahl von Schiffswracks entdeckt, markiert, fotografiert und beschrieben. Sein Buch befaßt sich mit dem Kriegsgeschehen am 17. und 18. Februar 1944, als die Amerikaner die japanische Marinebasis im Truk-Atoll angriffen (die »Operation Hagelsturm« endete mit dem Verlust von insgesamt 66 Kriegs- und Handelsschiffen der kombinierten japanischen Flotte), und basiert auf amerikanischen und japanischen Gefechtsberichten sowie auf Augenzeugenberichten der Insulaner. Im Zentrum des Buches, das auch anschaulich über Land und Leute der malerischen Inselwelt im Atoll von Truk erzählt, stehen liebevoll-akribische Beschreibungen gesunkener Schiffe, ihrer Position, ihres Zustandes, der Art von Ladung in den Luken und nicht zuletzt der Vielfalt des Bewuchses mit maritimem Leben – Korallen, Seeanemonen und Schwämme. Zufällig erfahre ich, daß der Autor dieses außergewöhnlich lebendigen, sorgfältig recherchierten Buches hauptberuflich Chemiker bei der BASF ist.

Am nächsten Tag erkundige ich mich bei einem der Bootsführer, wo ich wohl Schnecken der Art *Lambis crocata* (Orange Skorpion) finden könne. Ohne Zögern erklärt er mir, daß direkt vor der Südwestspitze von Moen Island – also der Hauptinsel, auf der sich unser Hotelquartier befindet – größere Populationen dieser Spezies, von den Insulanern »Five finger shells« genannt, anzutreffen seien. Auf schnellstem Wege geht es zurück zum Hotel, werden die auf der Balkonterrasse zum Trocknen ausgebreiteten Tauchutensilien zusammengerafft, und ich wähle den kürzesten Pfad zu meinem Operationsgebiet.

Schon bin ich im Wasser und kraule mit ruhigen, langen Zügen vom Ufer weg Richtung offenes Meer. Etwa einhundert Meter vor der Küste orientiere ich mich nach links und schwimme zu der mächtigen Barriere aus Geweihkorallen. Und da ist es wieder, dieses eigenartige Gefühl, dieses Kribbeln unter der Haut – eine seltsame

Mischung aus Beklemmung und Erwartung, gepaart mit der Herausforderung des Auf-sich-gestellt-Seins und des Sich-bewähren-Müssens.

Es wäre eigentlich ganz natürlich, würde man mit zunehmender Erfahrung und wachsender Routine allmählich weniger empfänglich für das Außergewöhnliche und für die kaum zu beschreibende, stille Atmosphäre der Unterwasserwelt. Dem ist aber keinesfalls so – im Gegenteil: Immer wieder ist man tief beeindruckt, ja hingerissen von der Vielfalt der Formen und Farben in den Korallenriffen, von den unverwechselbaren Formationen der subtropischen und tropischen Meere.

Doch zurück zu meinem Tauchausflug: Die Barriere aus Geweihkorallen türmt sich vom Meeresboden etwa sechs bis sieben Meter hoch auf, wobei die Mauerkrone allenfalls bis gut mannshoch unter die Wasseroberfläche reicht. Die Korallenstöcke sind alle abgestorben; die geweihartigen Gebilde weisen Farben von Orange bis Weiß auf und sind hier und da mit grünem glitschigem Tanggras behangen. Unten am Grund, also am Fuß des mächtigen Walles, überkommt den Taucher leicht das Gefühl, das filigrane Kunstwerk könne lautlos in sich zusammenstürzen und den Eindringling unter sich begraben. Nichts von alledem geschieht, und so arbeite ich mich in einer Reihe aufeinanderfolgender Tauchgänge langsam wieder in Richtung Ufer zurück. Dabei entdecke ich eine Vielzahl von Relikten aus der Zeit des Zweiten Weltkriegs: Schiffsmotoren, Luftschrauben abgeschossener Militärflugzeuge, Reststücke abgebrochener Masten und Wrackteile von Rettungsbooten. Aber bis jetzt keine Spur von Muscheln oder Schnecken.

Doch was ist das da drüben? In einer Felsspalte zwischen zwei größeren Plateaus bewegt sich etwas, ganz langsam und vorsichtig. Meine Luft reicht nicht mehr, um näher heranzukommen; so steige ich rasch auf, atme zwei-, dreimal kräftig ein, stoße nach unten und gelange ebenso langsam und vorsichtig dicht an die beobachteten Lebewesen heran. Es sind mindestens fünf ausgewachsene Skorpionschnecken. Schnell zugepackt; zwei kann ich mir greifen, dann muß ich wieder hinauf. Beute im Gürtelnetz verstauen, nochmals nach unten und zwei weitere Exemplare erwischt; genug damit, diese spezielle Art wird künftig in meiner Sammlung vierfach vertreten sein. Doch bis dahin ist noch ein weiter Weg; zunächst wollen die Gehäuse einmal gesäubert, präpariert und damit für einen Transport in Taxis und Flugzeugen hergerichtet sein. Doch mit der notwendigen Behandlung hatte es in diesem Fall eine besondere Bewandtnis. Skorpionschnecken gehören nämlich zu den wenigen Arten, die nicht ausgekocht werden dürfen. Andernfalls riskiert man deutliche Farbveränderungen bis hin zu völligem Ausbleichen. Es gibt mehrere Behandlungsalternativen, darunter Betäubung mit Chloralhydrat wie bei den Porzellan- oder Kaurischnecken.

Mir war von den Eingeborenen eine andere Methode empfohlen worden, die allerdings nur in tropischen Regionen praktikabel ist: Man vergräbt die Gehäuse etwa zwanzig Zentimeter tief in trockenem Sand; den Rest besorgen entweder die Ameisen, die die aus Kalzit bestehenden Schneckenhäuser sauber ausfressen, oder die Fliegen, die ihre Eier in den Weichtieren ablegen. Die ausschlüpfenden Maden sorgen dann für die Säuberung der Gehäuse. Für die Prozedur sind im allgemeinen fünf Tage anzusetzen. Wir hatten aber nur noch drei Tage bis zur Rückkehr nach Guam zur Verfügung, mit der Konsequenz, daß die Restreinigung zu einer üblen Angelegenheit geriet und im Bad erst durchgeführt werden konnte, nachdem meine Frau unser Hotelzimmer fluchtartig verlassen hatte.

Allen Widrigkeiten zum Trotz zierten später einige bildhübsche Molluskengehäuse die Abteilung »Truk-Atoll« im Westpazifik-Schrank meiner Sammlung.

Es ist Mittwoch, der 15. Februar 1984. Schon beim Frühstück herrscht große Erwartung: Für 9.00 Uhr haben wir für uns allein ein Boot gemietet, um von einer Reisegruppe unabhängig zu sein und individuell tauchen zu können. Das Boot macht einen erstklassigen Eindruck und ist mit zwei starken Außenbordmotoren bestückt. David Tamak heißt unser Bootsmann und Tauchführer, der uns, zusammen mit seinem Assistenten Toroia, in flotter Fahrt zur südlichsten der größeren Truk-Inseln, Uman Island, bringt. Hier liegt an der Nordwestecke auf einem schräg abfallenden Riff der japanische Frachter »Hino Maru 2« in zwei bis neun Metern Wassertiefe.

An einem aus dem Wasser ragenden Schiffsmast wird unser Boot vertäut; dann kippe ich mich, voller Ungeduld und Spannung, was mich dort unten wohl erwarten mag, über Bord. Zunächst schwimme ich in langen Zügen um das ganze Wrack herum. Grobe Schätzung des ehemaligen Nautikers: Länge: 70 m, Breite: 6 m, Tiefgang: 5 m und Tonnage: rund 1500 BRT; später lese ich im Hotel nach: 61 m, 5,2 m, 4,8 m und nur 999 BRT. - Schon bei den Muscheln lehrte die Erfahrung: Unter Wasser sieht eben alles größer aus!

Dann tauche ich am Bug das erste Mal ab; hier erregt in erster Linie das deutlich erkennbare, aber total von Korallen, Seeanemonen und Schwämmen überwucherte Buggeschütz mein Interesse; schließlich bin ich während des Krieges selbst jahrelang auf Geleitzugschiffen als Matrose und später als nautischer Offizier gefahren.

Anschließend statte ich, nach Auftauchen und Luftholen, im zweiten Anlauf der Brücke einen Besuch ab. Die Situation ist ausgesprochen grotesk: Ehemaliger Zweiter Wachoffizier betritt oder besser gesagt »beschwimmt« durch die Backbordöffnung der einstmaligen Brückenhaustür die geheiligte Kommandobrücke und verläßt sie wieder durch das gleichartige an Steuerbord erkennbare Loch.

Der Wrackbesuch ist so beeindruckend, daß ich fast mein eigentliches Hobby, die Muscheln und Schnecken, vergessen hätte, von denen ich eine Anzahl guter Stücke mitnehme. Die Rückfahrt wird angetreten, in deren Verlauf noch zwei Inseln angesteuert werden: Eten Island und Dublon Island. Beide sollen völlig unterschiedliche Erlebnisse bringen.

Vor uns taucht die Insel Eten aus türkisfarbenem Meer auf. Auffallend ist schon von weitem das merkwürdig gerade und unnatürlich wirkende Nordufer wie ein mit dem Lineal parallel zur Wasserlinie gezogener Strich und darüber plantagenartiger Palmenbestand. Des Rätsels Lösung: Exakt an dieser Stelle befand sich vor vierzig Jahren über dem mit gewaltigen Felsquadern befestigten Küstenstreifen die mehr als eintausend Meter lange Start- und Landebahn für die hier stationierten japanischen Luftstreitkräfte. Schon beim ersten Angriff amerikanischer Trägerjagdflugzeuge und Trägerbomber am 17. Februar 1944 wurden als Folge des Überraschungseffekts zwischen achtzig und neunzig Prozent der feindlichen Maschinen entweder am Boden zerstört oder während des Alarmstarts abgeschossen. Dies erklärt auch die Vielzahl der in dieser Gegend am Meeresboden liegenden Flugzeugwracks.

Doch zurück in die Gegenwart. David hat für mich als besonders lohnendes und vielversprechendes Tauchziel die etwa in fünfzig Metern Entfernung und fünf Metern Tiefe vor der Küste befindlichen Überreste eines japanischen Jägers ausgesucht; schon von oben kann man deutlich das stark beschädigte Cockpit und seitlich die noch gut erhaltenen Tragflächen samt Querrudern ausmachen. Davor, etwa drei Meter entfernt, sehe ich den gegen einen mächtigen Hirnkorallenblock gepreßten Motor mit der dreiflügeligen Luftschraube. Das abgerissene Heckstück mit Seiten- und Höhenleitwerk kommt vier bis fünf Meter hinter dem Hauptteil des Wracks in Sicht. Bei der folgenden Inspektion unter Wasser entdecke ich am Backbordhöhenruder eine Perlauster; ich bin wie elektrisiert, tauche rasch auf und lasse mir die Unterwasser-Minolta und meiner Frau die Taucherbrille des Bootsführers geben. Während ich unten fotografiere und dann die Muschel vorsichtig ablöse, beobachtet meine »Assistentin« still im Wasser liegend, wie ich halb in das Cockpit einsteige. Das Prachtstück von Muschel – eine *Pinctada margaritifera* (Schwarzlippige Perlauster) – erhält später, mit einer kurzen Legende zur Geschichte des Fundes versehen, einen exponierten Platz in meiner Sammlung.

Wir sind eine halbe Stunde gefahren und haben, nachdem wir die gegenüberliegende Insel Dublon angesteuert und das Boot an einem Steg vertäut haben, zunächst einen kurzen Landgang unternommen. Auch hier finden wir einen diesmal aber extrem kurzen Runway für Jagdflugzeuge; er ist nach vierzig Jahren an vielen Stellen geborsten und größtenteils wild überwuchert. Die ebenfalls heruntergekommenen ehemaligen Militärbaracken dienen der hier in geringer Zahl lebenden Bevölkerung, den Chamorros, als Behausung. Unser Bootsmann zeigt uns noch einen ausgeglühten, total verrosteten Tank – Überrest des früheren Treibstofflagers für Flugbenzin – und die Ruinen des japanischen Lazaretts. Mit einem Blick auf die ehemalige Funkstation wird der interessante Rundgang beendet.

An der von David bezeichneten Stelle finde ich zum Abschluß unseres Dublon-Aufenthalts in mehreren Tauchgängen eine ganze Reihe teilweise außergewöhnlich schöner Kauri- und Kegelschnekken. Als wir zurückfahren wollen, springt trotz aller Bemühungen der Steuerbordmotor nicht an. Schließlich müssen wir mit nur einer Maschine und entsprechend reduziertem Tempo die Heimfahrt antreten. Am Spätnachmittag treffen wir dann an der Bootsbasis auf Moen Island ein. Ein Tag wie aus dem Bilderbuch geht zu Ende.

Zu Ende geht – nach zwei Tauchtagen an Ort und Stelle – auch die Zeit im Truk-Atoll, einem der bemerkenswertesten Aufenthalte unserer gesamten Weltreisen, wenn nicht der Höhepunkt überhaupt.

Wir sind wieder in Guam. Für die letzte Woche in Mikronesien sind eingeplant: etwas weniger Taucherei, etwas mehr von Tennis unterbrochenes Faulenzen, eine Inselrundfahrt mit dem Mietwagen sowie eine Tagesflugreise nach Saipan, der zweitgrößten Marianeninsel.

Während der Autotour lernen wir so ziemlich alles kennen, was Guam außer der Hauptstadt Agaña noch zu bieten hat. Besonders beeindruckend ist der Südteil mit seiner tropisch üppigen Vegetation. In Erinnerung geblieben ist auch, daß wir mehrere Male gestoppt und umgeleitet worden sind, wenn wir uns auf direkten Zufahrtsstraßen zu Luftwaffenstützpunkten oder Marinebasen befanden.

Ein halbstündiger Flug bringt uns nach Saipan, wo wir als erstes das im Landesstil errichtete Flughafengebäude bewundern können; die tragende Betonkonstruktion ist eine kühne Mischung aus wuchtig und filigran, und im übrigen dominiert das Holz – vom soliden Balkenwerk bis zum gewaltigen Schindeldach, das an ein ins Überdimensionale transponiertes polynesisches Kulthaus erinnert. An seinen Stirnseiten ragen paarig die Enden der mächtigen Längsbalken heraus.

In der luftigen Halle gehen wir an einem dort als Schmuckstück aufgestellten Auslegerboot vorbei, das daran erinnert, daß wir uns in der Südsee befinden. Draußen fragen wir einen Taxifahrer nach der Touristikinformation. Als er erfährt, daß wir eine Inselrundfahrt mit Unterbrechung für einen Tauchstop wünschen, bietet er uns eine 5-Stunden-Tour zu einem Preis an, den wir für die halb so lange Busfahrt zahlen müßten. Da er einen äußerst vertrauenerweckenden Eindruck macht, wird der 40-Dollar-Handel ohne Feilschen perfekt; wir sollten es wirklich nicht bereuen.

Frank Boroja, so der englisch-spanische Name unseres Fahrers, sagt zu unserer Überraschung plötzlich »Guten Morgen« und erzählt dann auf englisch weiter, daß sein Großvater aus Deutschland stammt und in der deutschen Kolonialzeit Lehrer war. Unterdessen lenkt er sein Taxi nordwärts aus dem Hotelbereich hinaus. Nach kurzer Zeit hält er vor einem freundlich aussehenden kleinen Haus, wo er uns seine Familie, eine nette Frau und vier ebenso nette Kinder vorstellt, uns mit kühlen Drinks bewirtet und für unterwegs noch Obst im Wagen verstaut. Dann geht's weiter nordwestlich, und bald ist die Küstenstraße erreicht.

An dem noch immer mit vor sich hinrostendem Kriegsmaterial – Geschütze, Panzer und Maschinengewehre – gesäumten Ufer entlang, kommen wir kurz vor der Nordspitze der Insel zum »Last Command Post«, einem Höhlengebiet, in dem die Japaner bis zuletzt hartnäckigen Widerstand leisteten. Nach vergeblicher Aufforderung zur Übergabe sind manche Stellungen einfach von Bulldozern zugebaggert worden.

Das makaberste Beispiel einer Eskalation von Gefühlen finden wir wenig später auf den »Suicide Cliffs«, den Selbstmordklippen. Hier stürzten sich, nachdem von den Japanern das Gerücht verbreitet worden war, die herannahenden Amerikaner würden alle Einwohner, Männer, Frauen und Kinder, schonungslos umbringen, im August 1944 3500 Frauen und Kinder und 2700 Männer in den Tod. Man berichtet, daß die Familienmitglieder nach Alter aufgereiht standen, immer das jüngere vom nächstälteren hinuntergestoßen wurde, und die Mütter zum Schluß in den Abgrund sprangen. Ein gewaltiges Mahnmal, zu dem jährlich Tausende Japaner und natürlich auch Touristen aus aller Welt pilgern, ist an dieser Stätte des Grauens errichtet worden, um daran zu erinnern, wohin menschlicher Wahnsinn führen kann.

Nachdem ich in der südöstlich gelegenen Magicienne Bay noch einige Tauchgänge absolviert und große, wunderschöne Kauris – *Cypraea tigris, mapa, argus, onyx* und *talpa* (Tiger-, Landkarten-, Argusaugen-, Onyx- und Maulwurfschnecken) – erbeutet habe, kehren wir nach Chalan Kanoa, dem Zentrum, zurück. Hier drückt uns ein US-Beamter unterschiedlichste Poststempel auf unsere maleri-

Perlinseln Panama: Grinsende Tonne

Golf von Panama: Reifenhelmschnecke

Perlinseln: Peruanische Flügelschnecke

Kalifornien, Insel Sta. Catalina: Meerohren

Panama: Königliche Stachelschnecke

Mikronesien: Tauchbasis Moen Island im Truk-Atoll

Truk-Atoll: Acht verschiedene Arten besonders prächtiger Kegelschnecken

Truk-Atoll: Große gehörnte Helmschnecke und kleine Skorpionschnecke

Philippineninsel Mindanao: Herrscherkrone – eine Rarität aus der Sulusee

Hawaii-Insel Kauai: Drei Arten makelloser Kegelschnecken

Insel Hawaii: Bärentatzenmuschel und Hawaiische Olivenschnecke

Top-Malakologe Dr. Tucker Abbott, Florida (oben)
Auf Tauchfahrt mit Ed Dougan, Contadora (unten)

Florida, Mexikogolf: Löwentatze

Florida, Mexikogolf: Riesenspindelhorn – größte Schnecke der Sammlung (35 cm)

Bahamas, Bimini Island: Schneckenstrand

Bahamas, Bimini Island: Hirschkauri – größte Kauri der Sammlung (12 cm)

schen Briefmarken, dann werden uns die Leis – die überall in der Inselwelt der Südsee üblichen Blumenketten – als Farewell-Gruß umgehängt, und am Ende gibt es am Flugplatz einen herzlichen Abschied von Frank, unserem zuverlässigen Fahrer und meisterhaften Fremdenführer.

Schon vom Flugplatz aus, und später beim Start von der Maschine aus noch einmal deutlicher, sehen wir die langgestreckt und parallel zu Saipan liegende Insel Tinian, auf der die Amerikaner unmittelbar nach der Eroberung eine überdimensionierte Flugpiste für schwerste Bomber errichteten; von dort startete am 6. August 1945 das Flugzeug zum Abwurf der ersten Atombombe über Hiroshima.

Im Hotel in Guam erwartet uns eine unangenehme Nachricht: Pilotenstreik bei der Continental Airline of Micronesia! Das bedeutet Abkürzung des Guam-Aufenthalts und zusätzliche Übernachtungen in Manila. Flexibel wie wir nun einmal sind, entscheiden wir uns sofort. Manager Schücking – sein Hotel ist übrigens Spitzenreiter in der Auslastungsrangliste, er wird in Kürze nach Seoul wechseln – arrangiert bei seinem Manila-Kollegen VIP-Übernachtungen zu Vorzugspreisen und läßt den Flug von Guam nach Manila umbuchen. Unser großes Gepäck lassen wir ab Guam nach Düsseldorf durchchecken, so brauchen wir für Manila nur den Boardcase und meine Tauchutensilien.

Natürlich gibt es einen fröhlich-wehmütigen Abschiedsabend mit den Schückings, zu denen wir, weit über die Hotelgastbeziehung hinaus, ein sehr herzliches Verhältnis aufgebaut haben. Am schmerzlichsten aber ist das Scheiden von der zauberhaften Inselwelt Mikronesiens und ihren freundlichen Menschen!

Den nicht eingeplanten Zwischenaufenthalt auf den Philippinen nutze ich zur Erfüllung meines Traums von einer »Herrscherkrone«. Dabei handelt es sich um eine außerordentlich attraktive Schnecke der Spezies *Cymbiola imperialis,* die ausschließlich in der Sulusee bei der Philippineninsel Mindanao beheimatet ist.

Die Geschichte ist schnell erzählt. Ankunft mit der Frühmaschine, per Taxi zu einem nahegelegenen Fischerdorf, dort – ähnlich wie an der spanischen Biscayaküste – prompt einen aufgeweckten Fischerjungen gefunden und als Tauchführer angeheuert. Nach halbstündiger

Bootsfahrt sind wir in einer stillen Bucht mit spiegelglatter Wasseroberfläche angelangt. Um mir langes Suchen zu ersparen, taucht Miguel vorweg, ist überraschend schnell wieder oben und deutet mit der Hand nach unten: Da ist eine! Der Rest ist Routine und das Ergebnis ein Prachtstück von einer Herrscherkrone. Nebenbei finde ich noch eine *Tibia fusus* (Flötenspindel), mit ihrem langen, fragilen Syphonkanal (Röhre für den Atemschlauch) auch kein alltägliches Stück! Miguel säubert die Schnecken, erhält seine gutdotierte Fangprämie, und abends sitze ich überglücklich im Manila-Hilton; die streikenden Piloten halfen so, einen langgehegten Traum zu erfüllen.

Fazit der Reise in den Westpazifik: Die Inselwelt der Südsee war bezaubernd schön. Vieles davon ist seiner - leider nur noch partiellen - Unberührtheit und Harmonie wegen zur bleibenden Erinnerung geworden. Nicht vergessen kann ich aber auch die Witwen und Veteranen der »Operation Hailstorm« in Truk, die nach vierzig Jahren zusammen mit einem Shintopriester die Gefallenen ehrten, die unzähligen Schiffswracks in der Lagune, die Selbstmordklippen von Saipan und die Startbahn von Tinian für den Atombomber mit seiner apokalyptischen für Hiroshima bestimmten Fracht.

KAPITEL 7

Nordpazifik

Allzulange hatten mir die Hawaii-Inseln als wünschenswertes Ziel im Kopf herumgespukt, als daß ich sie auf Dauer aus meinen Tauchreiseplänen hätte ausklammern können. Wenn es nun gilt, über die Verwirklichung dieser Ideen zu berichten, so handelt es sich dabei um eine »bereits angebrochene Reise«. Im fünften Kapitel über den Ostpazifik war die Rundfahrt durch einen interessanten Teil des amerikanischen Westens nur beiläufig erwähnt worden. Fassen wir daher im Telegrammstil zusammen:

Sonntag, 2. Februar 1986, 8.10 Uhr: Start LH-Flug 450 ab Frankfurt. Einzige uns bekannte VIP an Bord: Hildegard Knef. Montag, 3. Februar, 600 km mit dem Bus durch die Wüsten Südkaliforniens und Arizonas. Übernachtung in Phoenix. Weiter nordwärts zum Oak Creek Canyon, der Kulisse vieler Wildwestfilme. Unterwegs machte meine Frau schmerzhafte Bekanntschaft mit den »jumping chollas«, jener seltsamen, wehrhaften Kakteenart, die sich näher heranwagende Lebewesen - ob Mensch, ob Tier - mit ihren kugeligen, sich plötzlich ablösenden Früchten förmlich beschießt, wobei sich die langen Stacheln tief in die Haut bohren. Meine Frau hatte sechs »Geschosse« in Oberschenkel und Sitzfleisch abbekommen - beste Voraussetzung für die restlichen mehr als 2000 km Omnibusfahrt.

Abends Grand Canyon Village erreicht, am nächsten Morgen mit fünfsitziger Cessna Stationair atemberaubender Flug über und durch die bizarre Felslandschaft des Grand Canyon. Nun geht es in den Mormonenstaat Utah zur gewaltigen Staumauer des Glen-Damms, der den Colorado River hier zum riesigen Lake Powell aufstaut. Es folgen dann Übernachtung im Bryce Canyon National Park und anschließende Besichtigung des Geländes. Nach Durchqueren des Zion National Parks gelangen wir in den Staat Nevada. Hier gibt es für jeden US-Touristen nur ein lohnendes Ziel: Las Vegas, Glamourstadt, Standort von zahlreichen Heiratskapellen und Spielerparadies. Bei Nacht bunt und voller Leben, am Tage grau und trist. Unser Hilton hat 3000 Betten und in den kaum vorstellbar großen Spielhallen ebenso viele »einarmige Banditen«. Wir geben freimütig zu, bis 2.00 Uhr in der Nacht in den diversen Salons der Stadt - einer prächtiger als der andere - gespielt zu haben, aber mit positivem Ergebnis: 51 Dollar Gewinn!

Wegen heftiger Schneefälle ist der Tioga-Paß in der Sierra Nevada gesperrt. Es geht daher über Fresno direkt in den Yosemite National Park. Unterwegs haben wir noch die alte Silbermine von Calico besucht. Im National Park bewundern wir dann die gewaltigen Sequoias (Mammutbäume); sie sind drei- bis viertausend Jahre alt, bis einhundert Meter hoch und weisen am Fuß Durchmesser bis zu neun Metern auf. Wunderwerke der Natur, die dem Menschen ein ehrfürchtiges Staunen abnötigen!

Wir durchfahren dann das fruchtbare Weinanbaugebiet des San Joaquin Valley und erreichen San Francisco. Als Stichworte mögen genügen: Chinatown, Fisherman's Wharf, Cablecars, die Fahrt über die Golden Gate Bridge nach Sausalito und der Besuch im Hotel »Fairmont«, dem »St. Gregory's« aus der Fernsehserie nach Arthur Haileys berühmtem Roman »Hotel«. Von San Francisco aus rollen wir südwärts über die Nationalstraße 1, statten dem bekannten 17-Mile-Drive, der an Exklusivität (z.B. 33 Golfplätze!) wohl kaum zu überbieten sein dürfte, einen Besuch ab, besichtigen in Monterey die Cannery Row (John Steinbecks »Straße der Ölsardinen«) und übernachten das letzte Mal in Carmel, einem ganz reizenden Städtchen. Die Tour »Western Wonders« ist beendet, Los Angeles hat uns wieder. Wir aber sind glücklich, unseren Hawaiitrip mit einer derart informativen Rundreise gekoppelt zu haben.

Hawaii. Die meisten Menschen verbinden mit diesem exotisch klingenden Wort die Vorstellung von Südsee schlechthin. Das mag im Kern auch richtig sein, zumal die Vorfahren der Hawaiianer reine Polynesier waren und vor langer, langer Zeit von Bora Bora kommend, als kühne Seefahrer mit ihren Kanus die heutige (auch Big Island genannte) Hauptinsel Hawaii ansteuerten und besiedelten.

Andererseits ist zu berücksichtigen, daß flächenmäßig rund die Hälfte des Archipels nördlich der durch den Wendekreis des Krebse markierten Tropengrenze liegt.

Wegen einer Reparatur am Steuerbordtriebwerk unserer Maschine verzögert sich der Start zum United-Airlines-Flug 197 um mehr als zwei Stunden, und wir treffen erst am Spätnachmittag auf Oahu in Honolulu ein. Schnell haben wir im »Hyatt Regency« eingecheckt, uns frisch gemacht und bummeln bald die Küstenstraße am weltberühmten Strand von Waikiki entlang. Dann gehen wir in ein polynesisches Restaurant und lassen uns diverse Spezialitäten schmecken.

Eine kleinere Maschine der Hawaiian Air bringt uns am folgenden Morgen in einem halbstündigen Flug zur Insel Kauai. Am Flughafen übernimmt ein Wagen unser Gepäck zum »Sheraton Hotel Coconut Beach«, wir besteigen einen Minibus, und ab geht's in die Berge zum Weimea Canyon, auch – und das zu Recht – Grand Canyon des Pazifik genannt; er ist nicht ganz so gewaltig, aber von unerhörter Farbenpracht. Erwähnenswert sind noch eine Bootsfahrt auf dem Weilua River mit Hochzeitstänzen in einer Farngrotte und die Erzählung der Legende von der Entstehung Hawaiis, unterbrochen von Hula-Hula-Darbietungen.

Am Sonntagmorgen bringt uns ein kleines Flugzeug zur Insel Maui, wo wir nach eineinhalb Stunden ankommen und sofort in einen bereitstehenden Bus dirigiert werden. Nach einigen Minuten begrüßt uns der Fahrer und schildert das Tagesprogramm. Es soll uns zum 3000 Meter hoch gelegenen Haleakala-Krater und dann zum Mittagessen auf eine Ananasplantage führen. Als dann die Abflugzeit mit 17.30 Uhr angegeben wird, läuten bei mir sämtliche Alarmglokken. Unsere Maschine wird Maui um 15.30 Uhr in Richtung Hawaii verlassen! Und nun? Ich unterbreche den Fahrer, sage ihm, was los ist, und fordere ihn auf, über Funk sofort seine Zentrale anzurufen und um Klärung zu bitten. Ich verlange laut gebuchtem Programm auch die ehemalige Hauptstadt des Königreichs Hawaii, Laheina, und das Walfangmuseum zu sehen, andernfalls würde ich die Agentur regreßpflichtig machen. Das hilft. Man bittet uns, die Vulkantour über uns ergehen zu lassen; auf dem Rückweg werde man einen Fahrer mit Pkw und Auftrag, uns voll zur Verfügung zu stehen, schicken.

Das funktioniert ausgezeichnet; wir haben zwei Stunden Zeit für einen Streifzug kreuz und quer durch Laheina, eine wundervolle Stadt im alten Hawaiistil, bestens erhalten und voller Besonderheiten. Stark in Erinnerung geblieben ist der Banyan-Tree, ein Riesenbaum, der, gestützt auf unzählige Luftwurzeln, eine Fläche von 4000 Quadratmetern bedeckt.

Der uns frei zur Verfügung stehende Personenwagen ermöglicht es, noch eine Dreiviertelstunde zum Tauchen herauszuschinden. Das Glück ist mir hold, wohl zum Ausgleich für die Panne, die um Haaresbreite unser ganzes Programm geschmissen hätte. Es gelingt mir, mit relativ wenigen Tauchgängen insgesamt sechs außerordentlich schöne Schnecken heraufzuholen: Zwei der Spezies *Drupa ricinus* (Nashornschnecke), zwei weitere namens *Cypraea maculifera* (Genetzte Kauri) und noch zwei *Distorsio anus* (Verrenkter After).

Den Flughafen Kahului verlassen wir mit einer Uraltmaschine Typ Dash, die aber alles andere als ein »Federstrich« ist – schon eher eine Art Hängebauchschwein, ausgerüstet mit vier 4flügeligen Propellertriebwerken. Das seltsame Vehikel bringt uns sicher nach Hilo, Inselhauptstadt mit Airport. Doch wie sieht es hier aus? Entwurzelte Bäume, abgedeckte Dächer und verwüstete Parks. Im »Naniloa Hotel« erleben wir die Fortsetzung des Chaos: totaler Stromausfall (zum Glück habe ich einen Akku-Rasierer), dürftige Waschmöglichkeit, Mini-Abendessen in drei Schichten bei Kerzenschein, kurz, die gesamte Hotelanlage ist in einem desolaten Zustand. Was ist passiert? Während unseres Fluges von Kauai nach Maui war von Norden her ein schwerer Orkan aufgezogen und hatte eben die Ostecke von Big Island um Hilo herum erfaßt; die vom Sturm geschlagene Schneise mochte allenfalls drei Kilometer breit sein. Aufräumungsarbeiten und Reparaturen gehen derart schnell vonstatten, daß man dafür nur eine Erklärung finden kann: Gewohnheit und Routine. So steht denn auch unser Bus am nächsten Morgen rechtzeitig vor dem Hotel.

Unser Fahrer erweist sich als Multitalent. Er steuert den schweren Reisebus zunächst auf über 1200 Meter Höhe zum Kilauea-Krater, einem riesigen erloschenen Vulkangebiet. Dabei erklärt er alles Wesentliche wie ein Vollblutfremdenführer und singt zwischendurch mit einer angenehmen Stimme hawaiianische Volksweisen.

Ein 40-Minuten-Stop gibt Gelegenheit zum Filmen und Fotografieren, zu einem Gang durch eine 135 Meter lange Lavaröhre und zu einem Snack im Volcano House. Nicht versäumt werden darf natürlich das Kino, in dem uns ein Vulkanfilm in beklemmender Weise über donnernde Eruptionen, gewaltig fließende Lavaströme und die zum Teil verheerenden Folgen solcher immer wiederkehrenden Ausbrüche informiert. Vergessen wir nicht: Es gibt auf Hawaii neben dem 4200 Meter hohen erloschenen Mauna Kea noch den 4170 Meter hohen, aktiven Mauna Loa - eine permanente Bedrohung für diese Region.

Auf der weiteren Route überquert die Straße immer wieder breite, von den talwärts fließenden glühenden Lavamassen schwarzgebrannte Streifen, Spuren der Vernichtung allen Lebens, von den Vulkangipfeln bis hinunter ins Meer; indes ist vielerorts aus der fruchtbaren Asche längst wieder neues pflanzliches Leben entstanden, und der unterschiedlich hohe Bewuchs gibt in etwa Zeugnis davon, in welchen zeitlichen Intervallen die Ausbrüche erfolgten. Genauere Auskunft erteilen die mit Daten versehenen Markierungstafeln.

Ein gutes Stück weiter südlich erreicht die Straße wieder die Küste, wo wir an dem aus feinem schwarzem Sand bestehenden Black Sand Beach eine kurze Rast einlegen. Ursache des bald danach folgenden Stops ist ein ganz besonderer Umstand: Wir sind am südlichsten Punkt der USA angekommen (den südlichsten Punkt des US-amerikanischen Festlandes werden wir im nächsten Jahr in Key West, Florida, besuchen; heute wissen wir davon allerdings noch nichts). Am Schild »Naalehu, southernmost community in the USA« lassen wir, wie alle Touristen, das obligate Erinnerungsfoto machen.

Dann geht es wieder landeinwärts. Wir haben inzwischen eine interessante Orchideenfarm besichtigt und eine wahre Farbenorgie erlebt. Nun rollen wir die etwas höhergelegene Straße entlang, die sich allmählich absenkt und an die Kona-Küste heranführt; ab hier ist die Straße bergseitig von endlosen Reihen herrlicher Kaffeesträucher gesäumt. Nachmittags hält der Bus vor dem »Kona Hilton«, dem Spitzen-Hotel-Erlebnis der gesamten Reise überhaupt.

Das private Programm umfaßt einen Abendbummel durch den Ort, ein fabelhaftes Essen in einem mexikanischen Restaurant und kurz vor Mitternacht noch den Kauf einer Handtasche für meine Frau. Nachdem wir uns an das Tosen der gewaltigen Brandungswellen, die sich unmittelbar an den dem Swimmingpool vorgelagerten Klippen brechen, gewöhnt haben, fallen wir in einen erquickenden Schlaf.

Dienstag, der 18. Februar 1986. Der ganze Vormittag steht uns noch zur Verfügung, denn der »Hawaiian Air«-Flug zurück nach Lihue Airport auf Kauai ist erst für den Nachmittag gebucht. Tauchen vor der Trauminsel Hawaii, wie oft stand mir diese Vision bei meinen Unterwasserexkursionen im Mittelmeer oder im Atlantik vor Augen. Und nun ist sie Realität geworden!

Etwas außerhalb der Ortschaft habe ich eine kleine Bucht mit relativ ruhiger Wasseroberfläche gefunden. Ruhig, weil sie von einem Kranz aus der See herausragender Felsen zur Brandung hin abgeschirmt ist. Das läßt darauf schließen, daß es eine Vielzahl von Unterwasserfelsen mit dazwischenliegenden Sandflächen und vielleicht auch mit Seegras gibt. Somit ein ideales Biotop für Muscheln und Schnecken und zugleich optimale Tauchbedingungen. Bevor ich zum ersten Mal abtauche und alles wie erwartet vorfinde, denke ich flüchtig an die Warnung: In den Gewässern dieses Archipels nur dort ins Meer, wo größere Ansammlungen von Badenden darauf hindeuten, daß es keine gefährlichen Strömungen gibt. Wo die baden, finde ich keine Mollusken, und bislang bin ich noch mit jeder kritischen Situation fertiggeworden, denke ich.

Der zweite Tauchgang bringt ein Pärchen der Art *Oliva sandwichensis* (Hawaii-Olivenschnecke) ein: Volltreffer. Es folgen weitere sieben oder acht Versuche, diesmal vergeblich. Ich finde noch eine *Tonna sulcosa* (Gebänderte Tonne) und möchte es damit genug sein lassen. Zum Glück kommt der Hauptfund zum Schluß und nicht mehr weit vom Ufer entfernt. Im Gürtelnetz hätte das große Stück auch keinen Platz gefunden – und über lange Strecken mit einer Hand schwimmen, in der anderen die Beute haltend – nein, danke! Doch der Reihe nach: Ich entdecke unter einem schräg überhängenden Felsen etwas weiß Schimmerndes, das Bruchstück einer Muschel? Es ist kaum heranzukommen. Beim zweiten Mal gelingt es, das Stück zu packen und dran zu rütteln. Mehr ist nicht möglich. Wieder nach oben, Luft holen und schräg mit aller Kraft nach unten.

Ich vermute eine mit Treibsand zugespülte Muschelschalenhälfte und bete, sie möge groß und unbeschädigt sein. Und mein Stoßseufzer wird erhört. Ich bekomme sie zu fassen, wuchte sie aus dem sogartig festhaltenden Sand und steige auf. An Ort und Stelle ausgespült und kritisch betrachtet, ist es eine über zwanzig Zentimeter lange Einzelklappe des *Hippopus hippopus* (Pferdehufmuschel, die Amerikaner nennen sie Bärentatze) - ein makelloses Stück ohne jeden Kratzer. Am Ufer führe ich einen regelrechten Freudentanz auf. Abgesehen von allem, was diese Insel uns sonst noch geboten hat, war es auch aus der Sicht des Malakologen ein ungemein lohnender Aufenthalt auf Hawaii.

Vor uns liegt noch eine ganze Woche auf Kauai. Von den acht Hauptinseln der Gruppe haben wir vier kennengelernt, eine gute Quote. Nun ist Ausruhen angesagt und etwas Tennis, eine Fahrt mit dem Mietwagen zur Nordküste und noch ein wenig Taucherei.

Mit dem Auto besuchen wir im Süden die Stelle, an der Captain Cook bei seiner Entdeckung der Sandwichinseln (so der von ihm gewählte ursprüngliche Name) 1778 gelandet war, außerdem noch Spouting Horn, wo das Meer die Küstenfelsen röhrenartig ausgewaschen hat, so daß die heranrollende Brandung zehn bis fünfzehn Meter hohe Fontänen aufsteigen läßt. Dieses Phänomen wird jeweils von dumpfbrüllenden Heultönen begleitet. Anziehungspunkt an der Na-Pali-Küste - hier endet die Straße am Beginn einer wildzerklüfteten Felslandschaft, die nur per Hubschrauber abgeflogen werden kann - ist die sehenswerte Missionsstation von Hanalei aus dem Jahre 1834.

Kurz vor den steil abfallenden Felswänden läuft die bis hierher recht gut ausgebaute Straße in einer Art Wendehammer aus. Aufgefallen war uns unterwegs, daß man, vermutlich aus Sparsamkeitsgründen, sämtliche der zahlreichen Wasserläufe mit den berühmten »One-way-bridges«, nur einspurig befahrbaren Holzbrücken, überbaut hatte. Nähern sich Autos aus entgegengesetzten Richtungen, so verständigt man sich durch Winken - einer fährt, der andere wartet. Immer wieder die für den Europäer bewundernswerte Disziplin, mit der das problemlos funktioniert.

Die einladend wirkende kleine Bucht ist schnell gefunden; ebenso schnell bin ich im Wasser und in einer wiederum traumhaft schönen, vielversprechenden Unterwasserwelt auf Jagd. Nachdem ich mir durch ein paar Erkundungsrunden einen allgemeinen Überblick verschafft habe, mache ich mich an die gezielte Suche. Ich drehe einen größeren Stein um und entdecke dahinter, dichtbeieinander, je ein *Conus vexillum* (Flaggenkegelschnecke) und ein *Cymatium pileare* (Haariges Tritonshorn). Ich verstaue meine Funde ins Netz, bringe den Stein in die alte Lage – zum Schutz von Eiern und Larven – und stoße zur Erfolgsmeldung nach oben. Außerdem finde ich Einzelstücke der *Bursa rubeta* (Brombeerschnecke) und der *Harpa articularis* (Gliederharfenschnecke); beides sind außerordentlich schöne Exemplare, besonders die zwar kleine, aber wundervoll gezeichnete Harfenschnecke. Zu den beiden abschließenden Tauchgängen benötige ich noch einmal meine Alu-Zange, als es gilt, mit einer hochgiftigen Textilkegelschnecke zurechtzukommen; auch das wird komplikationslos überstanden.

Weil frühere Termine ausgebucht waren, hatte ich für den vorletzten Tag einen Ausflug mit einem Tauchführer verabredet. Als er mit einer Assistentin im Minibus vorfährt, sitzen die anderen Teilnehmer, zwei Ehepaare und ein »Einzelkämpfer«, alle zwischen Mitte Zwanzig und Dreißig, schon auf ihren Plätzen. Knapp eine Stunde später sind wir wieder an der Nordküste, vielleicht zwei oder drei Kilometer von meiner eben beschriebenen Bucht entfernt. Doch wie anders sieht die Szenerie heute aus: stürmisches Wetter, beängstigend hoher Wellengang mit beachtlichen Schaumkronen, kurz, Antitauchverhältnisse. Unisono winken die andern fünf Aquanauten ab, aber unser Jimmy fragt mich scheinheilig, ob ich, als gegenüber diesen Greenhorns versierter Schnorcheltaucher, nicht mit ihm eine Exkursion wagen möchte. Da hat er mich doch tatsächlich herausgefordert und bei der Ehre gepackt. Und ich, statt zu sagen: »Nein, danke, schließlich bin ich der Senior und ein älterer Herr von fast fünfundsechzig«, mache mit.

Das recht leichtsinnige Abenteuer lief wie folgt ab:

Jimmy meint, er bleibe stets in meiner Nähe, ich könne unbesorgt sein. Die Praxis hingegen sieht völlig anders aus. Kaum sind wir ein Stück vom Ufer entfernt, packt ihn eine gewaltige Welle, hebt ihn hoch empor und läßt ihn samt roter Haube in einem tiefen Wogental verschwinden. Ich erreiche nach einiger Zeit ruhigeres Wasser und bin etwa 150 Meter von der Küste entfernt. Ich versuche mich auf den Rückweg zu machen, auch wenn es da vorn noch so sehr brodelt. Oben komme ich schlecht gegen die schräglaufenden Wellen an, also versuche ich es unter Wasser und gerate vom Regen in die Traufe, denn schnell fühle ich, daß mich eine deutlich spürbare Unterströmung nach draußen zieht. Ruhe bewahren, ermahne ich mich selbst. Was tut man, um aus Strudeln herauszukommen? Nach unten und seitlich möglichst weit wegtauchen. Gedacht, getan. Und dann treffen Glück und Malheur zusammen: Eine schräg zur Küste setzende Querströmung packt mich und transportiert mich fast automatisch in Richtung Ufer, allerdings zwischen zwei größeren, kaum aus dem Wasser ragenden Felsplateaus hindurch, die eine recht schmale Passage bilden. Und durch eben diese für mich eigentlich zu schmale Engstelle werde ich gezogen, daß mir Hören und Sehen vergehen. Dann liege ich ziemlich ausgepumpt in einer absolut stillen Zone auf dem Wasser und versuche, mich etwas zu regenerieren. Doch dann sehe ich doch in etwa vier Meter Tiefe eine Kegelschnecke – und ich bin ohne Zange! Sieht aber gefleckt aus wie ein *Conus leopardus,* also ungiftig. Ich vertraue auf meine Fachkenntnis und tauche ab, erkenne, daß meine Vermutung stimmt und bringe eine sehr schöne große Schnecke nach oben.

Von Land aus beobachten unsere fünf »Zurückgebliebenen«, wie später berichtet wird, ein merkwürdiges Schauspiel: Exakt wie hineingegangen, waten rechts mit roter Haube Jimmy und links mit schwarzer Tauchkappe der »Opa« aus Wuppertal an Land. Während ich ein scharfes Brennen an den Armen spüre, meint Jimmy: »You look like stars and stripes!« (Du siehst aus wie die amerikanische Flagge!) Und das stimmt; ich habe mir in dem engen Durchlaß an dem vulkanischen Gestein mit zahllosen scharfkantigen Kratern geplatzer Gasbläschen blutige Striemen und Abschürfungen geholt. Aber das zählt nicht. Was zählt, sind nachher am Lagerfeuer und beim Barbecue mein Bericht und die Prachtschnecke. Daß meine Frau das später im Hotel, wo sie meine Rückkehr gespannt erwartet hatte, alles ein wenig anders empfand, darf niemanden verwundern.

Malakologisch jedenfalls setzte diese Schnecke den Schlußpunkt unter unsere Hawaiireise. Zurück nach Frankfurt/Düsseldorf ging es mit Zwischenlandung in Honolulu, Übernachtung in Los Angeles und weiterer Zwischenlandung in San Francisco.

Insgesamt war diese Reise – touristisch wie malakologisch – wieder ein Erlebnis ganz besonderer unvergeßlicher Art.

Kapitel 8

Westatlantik/Mexiko-Golf

Das Jahr 1987 soll in mehrfacher Hinsicht für mich seine besondere Bedeutung haben: zum einen beende ich nach siebzehn wundervollen Jahren mit faszinierenden Einblicken in die stille Unterwasserwelt ganz bewußt meine Tauchaktivitäten als Molluskenforscher und -sammler. Zum zweiten plane ich einen Besuch bei einem der führenden Malakologen der Welt, Dr. Tucker R. Abbott aus Melbourne/USA. Und drittens will ich meine Sammlung zum letzten Mal um interessante, vielleicht sogar seltene Mollusken bereichern, wofür das angesteuerte Meeresgebiet von der Vielfalt her gewisse Garantien bietet.

Ozeanisch gesehen haben wir an der Ostküste den Westatlantik, wogegen die Westküste von den Fluten des Golfs von Mexiko umspült wird und der südlichste Zipfel mit vorgelagerten Inselgruppen sogar noch ein wenig in die Karibik hineinragt. – Natürlich ist von Florida die Rede, dem Sonnenscheinstaat im äußersten Süden der USA.

Da wir inzwischen ziemlich viel von der Welt kennengelernt haben und nicht auf touristischer Rekordjagd sind, wollen wir unsere Erkundungsreise durch Florida beschränken. Cape Canaveral oder Kennedy Space Center und Orlando mit seinen vielfältigen Attraktionen rund um Disney World haben wir als nördliche Begrenzung, Key West als südlichste Station ins Auge gefaßt. Das ergibt eine Strecke von 600 Kilometern, in deren Mitte sich Fort Lauderdale, eine halbe Autostunde nördlich von Miami, als Standort anbietet. Hier wird das landschaftlich schön gelegene Hotel »Marriott's Harbor Beach« unsere Herberge.

Es ist Sonntag, der 1. Februar 1987. Wir sind mit dem Flug 434 der Lufthansa um 15.55 Uhr Ortszeit auf dem International Airport

Miami gelandet und treffen nach einem ermüdenden, weil von vielen Hotelstops entlang Miami Beach unterbrochenen Transfer im gewählten Hotel in Fort Lauderdale ein. Hier machen wir uns schnell mit der näheren Umgebung vertraut und übernehmen am nächsten Morgen den schon in Deutschland für drei Wochen gebuchten Mietwagen.

Zunächst machen wir uns noch mit der Automatik vertraut. Zwei Tage später mogeln wir uns langsam aus Fort Lauderdale hinaus und sind bald auf der Alligator Alley, einem schnurgerade von Ost nach West verlaufenden Highway, der noch den nördlichsten Zipfel des Naturschutzparks Everglades durchquert. Eine etwas eintönige Strekke, auf der nur hier und da ein Schild vor die Straße kreuzenden Panthern warnt.

Bei Naples erreichen wir den Golf, fahren dann nordwärts bis Fort Myers und gelangen in westlicher Richtung bald über eine kilometerlange Betonbrücke nach Sanibel Island. Hier fahren wir erst einmal bis Captiva im Norden, besuchen den berühmten, aus meterdicken Schichten angeschwemmter Muscheln bestehenden Strand und essen danach zu Mittag. Wir sind uns in einem einig: Für unseren Geschmack zu viele protzige Villen, zu viele Luxusyachten, insgesamt zuviel zur Schau gestellter Reichtum, kurz: kein Urlaubsparadies für uns!

Ein Paradies eröffnet sich uns allerdings, als wir uns die Unterwasserwelt anschauen. Eine passende Bucht wird nach einigem Suchen gefunden. Das umsäumende Mangrovendickicht läßt auf brackiges Wasser schließen. Das ist der Lebensraum der Melongenaschnecken, und hinter denen bin ich heute her. Beim Eintauchen in die Brackwasserbrühe hat man kein gutes Gefühl; alles ist verschlammt, und die Sicht ist nur mäßig. Aber nach mehreren Abstiegen habe ich mich daran gewöhnt und bringe schließlich vier Stücke der braunen Kronenschnecke, der *Melongena corona*, ans Tageslicht.

Die nächste Bucht an felsigem Ufer wird weiter südlich gefunden. Das paßt gut ins Programm der Rückreise, die ohnehin über die durch lange Brücken untereinander verbundene Inselkette der Esteros vorgesehen ist.

Hier ist die See etwas bewegter, was sich aber keineswegs störend auf mein Vorhaben auswirkt. Von einem Felsvorsprung aus habe ich einen guten Start ins Wasser, wo ich bald fündig zu werden hoffe. Es klappt; schon beim zweiten Tauchgang entdecke ich zwei der begehrten, weil in meiner Sammlung noch fehlenden Gehäuse der Spezies *Strombus alatus* (Florida-Fechterschnecke, so genannt, weil ihre ruckartigen Bewegungen wie das Vor- und Zurückschnellen eines Fechters auf der Planche aussehen) vor mir auf dem sandigen Meeresboden. Die Farbe ist Beige-Orange mit tief schokoladenbrauner Mündung. Wirklich schöne Exemplare von makellosem Aussehen. Mit einem weiteren Fund von zwei Stücken derselben Spezies und drei der Art *Scaphella junonia* (Junobötchen) runde ich meine Sanibel-Island-Expedition ab.

Am Abend lassen wir im Hotel den ersten Tag noch einmal Revue passieren; er war mit rund 500 Kilometern Strecke eine gutgelungene Generalprobe für die noch vor uns liegenden Fahrten. Ein Telefonat mit Tucker Abbott, das mit einer herzlichen Einladung nach Melbourne endete, ist mit ausschlaggebend für die nächste Reise:

Am 10. Februar haben wir Fort Lauderdale nach dem Frühstück verlassen, rollen auf der Interstate 95 nordwärts, passieren nacheinander Pompano Beach, Boca Raton, Palm Beach, Fort Pierce und erreichen kurz vor Mittag Melbourne. Die Skizze, die Tucker seinem letzten Brief nach Deutschland beigelegt hatte, erweist sich als sehr hilfreich. Nach nicht allzu langem Suchen finden wir die Nummer 2208, South Colonial Drive - ein freundliches, in seiner Größe uns Europäer beeindruckendes Anwesen. Tucker gibt an der Vorderfront seines Hauses einem Handwerker Anweisungen, dreht sich um und begrüßt uns, als hätten wir uns gestern gesehen.

Das ist die typisch amerikanische Herzlichkeit, das offene Aufeinanderzugehen, die Unkompliziertheit - beachtliche Pluspunkte des amerikanischen Nationalcharakters. Wir sind überwältigt. Genauso ist es mit Tuckers Frau Cecelia, und wir haben das Gefühl, als ob wir uralte Freunde wären, und so werden wir auch vereinnahmt. Beim Essen meine ich zu Tucker, ich hätte nach unserem Telefonat zu meiner Frau Lilo gesagt: »Jede Wette, er ist ein Neu-England-Mann!« Er bestätigt, aus Boston zu stammen und lobt mein gutes Gehör für Akzente. Darauf erzähle ich ihm von Ed Dougan auf Contadora.

Der Nachmittag vergeht wie im Fluge. Wir besichtigen seinen Verlag für meereskundliche wissenschaftliche Literatur, der in einem kleinen Gebäude hinter dem Wohnhaus untergebracht ist. Der Umfang der Bibliothek ist ebenso bemerkenswert wie der Computer, mit dessen Hilfe Tucker seine Bücher schreibt. Die Einladung zum Übernachten ist längst ausgesprochen, und so haben wir noch den ganzen Abend zum Plaudern. Zwischendurch die Frage, ob man uns unbedingt zum Essen ausführen müsse und ob wir die chinesische Küche mögen. Die erste Frage beantworten wir mit nein, die zweite mit ja. Tucker entschwindet per Auto, kommt nach einer halben Stunde mit unzähligen Pappbehältern und -bechern zurück und zaubert auf die Schnelle ein fantastisches chinesisches Abendessen. Tja – that's the American way of life.

Aus unserer insgesamt vielseitigen – Politik, Wirtschaft und Reisen umfassenden –, dann wieder einseitigen Unterhaltung – Shells, Mollusken und noch mal Shells –, die ich für meine Frau dolmetschen muß, möchte ich ein Thema herausgreifen, das mir sehr am Herzen liegt. Die Problematik ist im Vorwort einleitend angesprochen worden, und wer könnte dazu besser seinen Standpunkt darlegen und begründen als ein kompetenter Wissenschaftler und ehemaliger Inhaber eines Lehrstuhls für Malakozoologie an der Universität von Philadelphia?

Es geht dabei um die Frage, ob es im Hinblick auf den Umwelt- und Artenschutz überhaupt vertretbar ist, Unterwasserjagd auf Muscheln und Schnecken zu betreiben und Sammlungen für Museen ebenso wie für den privaten Gebrauch anzulegen. Die Antwort von Tucker Abbott ist ein eindeutiges Ja. Allerdings darf es sich bei den Ausführenden nur um Wissenschaftler oder um ernsthaft forschende Amateure handeln, die bestimmte Grundregeln beachten. Dazu gehört z. B., daß man die Hände von lebenden Jungtieren läßt und nur leere Junggehäuse oder leere Schalen von Jungtieren entnimmt. Daß man aus größeren Populationen stets nur wenige erwachsene Exemplare aussucht und umgewendete Steine zum Schutz von Eiern und Larven in die ursprüngliche Lage zurückbringt.

Solche Verhaltensweisen und die Tatsache, daß ein Molluskenweibchen oft Tausende von Eiern auf einmal ablegt, sorgen für die

Erhaltung der Bestände. Kein Verständnis kann man allerdings dafür aufbringen – da sind Tucker und ich gleichfalls einer Meinung –, daß der Meeresboden vielerorts mit großen Schleppnetzen rücksichtslos abgeharkt wird, ohne daß an Brut, Jungtiere und zerstörte Korallen gedacht werden würde, nur damit ein Badeurlauber am Andenkenkiosk eine aus dem Indopazifik stammende Schnecke mit der Aufschrift »Gruß aus . . .« kaufen kann.

Unsere Gespräche hierüber und über andere interessante Themen gehen bis nach Mitternacht. Nach dem Frühstück heißt es Aufbruch in Richtung Cape Kennedy. Zuvor aber machen wir noch ein paar Abschiedsfotos; bleibende Erinnerung an einen unvergeßlichen Besuch bei einer amerikanischen Familie.

Die Strecke Melbourne–Cape Canaveral ist schnell zurückgelegt; bei dem Komplex Merritt Island, auf dem das Raumfahrtzentrum angesiedelt ist, handelt es sich um ein ausgedehntes Areal, Halbinseln und Inseln, die durch imposante Betonbrücken verbunden sind. Als wir den Raumfahrtbahnhof erreichen, müssen wir abrupt von Natur auf Technik bzw. auf Spitzentechnologie umschalten.

Wir parken unseren Wagen, sehen uns die diversen am Eingang senkrecht oder auch liegend aufgestellten Raketentypen an und kaufen Tickets für die »Tour Red«, die große Rundfahrt. Ein bequemer Reisebus fährt uns durch das weitläufige Gelände. Wie gewaltig die Dimensionen sind, mag der Hinweis verdeutlichen, daß die riesigen senkrecht auf Transportplattformen von ungeheurer Tragfähigkeit stehenden Raketen auf ihrem Weg von der Montagehalle bis zur Abschußrampe acht bis elf Kilometer zurücklegen müssen. Die Halle selbst ist mit 158 Metern Höhe ebenfalls ein Superlativ. In ihrem Innern sind z. B. auch die 111 Meter hohen und 300 Tonnen schweren Saturn-V-Raketen montiert worden, die bei der Apollo-11-Mission die ersten Menschen zum Mond getragen haben. Im Kontrollzentrum werden wir später eben diesen Start als nachträgliche Simulation miterleben. An anderer Stelle dürfen wir den Bus verlassen, eine liegend aufgebaute Titan-Rakete aus nächster Nähe bewundern und ein paar Schnappschüsse machen.

Immer wieder faszinierend für uns Europäer ist die Perfektion, mit der die Amerikaner es verstehen, komplexe Wissensvermittlung mit touristischem Spektakel zu verbinden. Gerade das »Kennedy Space Center«, der NASA-Raumfahrtbahnhof auf Cape Canaveral, ist ein Musterbeispiel hierfür.

Man muß sich einmal vorstellen, daß dort Forschung in großem Stil, lange Versuchsreihen, Produktion und Montage und schließlich Raketenstarts der unterschiedlichsten Größenordnung ablaufen. Gleichzeitig schleust man mit Hilfe einer ausgeklügelten Organisation permanent beachtliche Touristenströme durch die Anlagen. Zusammen mit dem Gefühl, sich am Puls der wissenschaftlichen Forschung zu befinden und eine einmalige touristische Attraktion mitzuerleben, vermittelt man den Besuchern detaillierte Informationen über die Raumfahrt, ihre Techniken und Möglichkeiten.

Bevor wir in Richtung Orlando weiterfahren, werden an der Küste von Merritt Island noch ein paar Tauchgänge absolviert, weil hier *Busycon carica* (Trockenfeige) aus der Gattung Blitzschnecken und *Busycon contrarium* (Linksgewundene Blitzschnecke, einzige Art mit der Mündung links von der Achse) beheimatet sind. Problemlos gelingt es mir, von beiden Spezies je ein Stück zu erbeuten.

Auf unserem Weg nach Osten haben wir Titusville hinter uns gelassen, Orlando durchfahren und südwestlich davon Sea World erreicht, das man schon von weitem an einer riesig hohen Säule mit eben dieser Aufschrift erkennt. Es wird im Prospekt als eine der größten und vielseitigsten Verkörperungen maritimen Lebens angepriesen. Diesen Eindruck können wir am Ende unseres Besuches bestätigen, doch jetzt liegt diese Sensationswelt noch vor uns. Die Killerwalshow haben wir leider verpaßt. Da die nächste erst für 22.00 Uhr angesetzt ist und wir uns noch eine Bleibe für die Nacht suchen müssen, begnügen wir uns mit dem Zusehen bei der Fütterung. Im Anschluß erleben wir die Vorführung der Delphine mit ihren Einzel- und Synchronsprüngen, mit Tänzen auf den Schwanzflossen zu Wasser und zu Lande, mit Wettrennen und Unterwasserartistik zusammen mit den Betreuern – fürwahr einmalige Glanzleistungen an Dressur und Wasserakrobatik. Ein Rundgang durch die Anlagen der Seelöwen, Robben, Fischotter und Haie rundet das Programm ab.

Mehr als zwei Stunden kostet es uns, bis wir ein gutes Motel gefunden haben. Es gehört zur Howard-Johnson-Kette. Ein Abendessen in ansprechendem Restaurant, ein erholsamer Schlaf – und wir fiebern beim Frühstück einem weiteren Höhepunkt unserer Nordtour entgegen: Epcot, Dauerweltausstellung und Magic Kingdom, Märchen- und Vergnügungspark bei Orlando.

Wir haben unsere Anfahrt so eingerichtet, daß wir kurz vor der Öffnung des Parks um 9.00 Uhr an Ort und Stelle sind und so einen Parkplatz direkt vor dem Eingang und bei der Monorailstation finden. Damit vermeiden wir das zuweilen zur Nervenprobe geratende spätere Suchen nach dem Auto. Hier haben wir es nämlich wieder mit amerikanischem Gigantismus zu tun: Die Anlage verfügt über Parkplätze für 60000 Fahrzeuge!

Geplant ist, zunächst mit der Monorail (Einschienenhochbahn) zum Magic Kingdom, dem Wunderkönigreich, zu fahren, am Nachmittag nach Epcot zurückzukommen und hier zu bleiben, solange es unsere Zeit erlaubt. Versehentlich stehen wir in der falschen Warteschlange an und geraten nicht in den Monorailzug, sondern in einen anderen Zug, der innerhalb einer gewaltig großen silbernen Kugel, »Raumschiff Erde« genannt, die Entwicklungszeiten der Menschheitsgeschichte durchrast. So huschen Szenen aus der Urzeit, als der Mensch noch Sammler und Jäger war, vorbei, man passiert Darstellungen des Mittelalters, erlebt die Erfindung der Buchdruckerkunst, braust durch die Zeit des Manchestertums und der Industrialisierung, landet schließlich in der Jetztzeit und begleitet unsere Astronauten auf ihrer Fahrt zum Mond. Das ist technisch perfekt gemacht und ungeheuer beeindruckend.

Dann sind wir im richtigen Gefährt und bald im Wunderland. Aus dem Orientierungsplan erfahren wir, daß es sechs verschiedene Vergnügungsländer gibt: Da ist zunächst die »Hauptstraße der USA«. Sie führt mitten ins Zentrum des Wunderlandes, das von einer Art Neuschwansteinschlößchen gekrönt wird. Dann haben wir linker Hand das »Abenteuerland«, das »Grenzland« und den »Freiheitsplatz«, zur Rechten finden wir das »Zukunftsland« und dahinter das »Fantasieland«. Unmöglich, sich da während ein paar Stunden hindurchzuarbeiten. Wir machen eine Rundfahrt mit der Wildwestbahn, erinnern uns der Tips eines Bekannten im Hotel in Fort Lauderdale und picken uns die interessantesten Attraktionen heraus. Unmöglich, auch nur diese in einem Muscheltaucher-Reisebericht zu beschreiben. Greifen wir also zwei höchst konträre – von Lärm und Stille gekennzeichnete – Ereignisse heraus. Zur Teilnahme am ersten werden wir in ein wie von Geisterhand gezogenes Boot verfrachtet. Es geht ein-, zweimal um Felsecken herum, und dann befinden wir uns, da die Show nun einmal »Die Piraten« heißt, in der Karibik und mitten in einer gewaltigen Seeräuberschlacht. Richtig gruselig ist das! Da wird unter ohrenbetäubendem Gebrüll ein Segelschiff geentert, krachen Kugeln aus Zwölfpfünderkanonen in die Takelage, brechen Masten, kommen Rahen von oben, brennen Segel – ein regelrechtes Inferno. Dann stürmen die siegreichen Korsaren die Hafenstadt, plündern und brandschatzen. Der Lärm ebbt ab, wir passieren noch ein idyllisches Karibikeiland und Endstation: Das Heute hat uns wieder.

Kontrastprogramm: »It's a small world.« – Die Welt der Puppen, könnte man auch sagen. Wieder dient ein Boot als Fortbewegungsvehikel, diesmal mehr eine Art Traumgondel, jeweils nur für zwei Personen. Man gleitet in eine hohe Halle und wird sofort von einer zauberhaften Atmosphäre eingefangen. Rechts und links abwechselnd sieht man große Chöre kleiner, in die Nationaltrachten ihrer Länder gehüllter Puppen, welche die typischen, für ihre jeweilige Heimat besonders charakteristischen Lieder singen. Nachdem wir so etwa zwanzig Minuten durch eine Märchenwelt geschwebt sind, fällt es direkt schwer, sich übergangslos wieder mit der »Hot dogs and Coca-Cola«-Szene konfrontiert zu sehen. Farewell Magic Kingdom!

Gegen 16.00 Uhr treffen wir wieder in Epcot ein. Hier beziehen die weniger betuchten Amerikaner, die sich keine Reisen in alle Welt leisten können, ihre Vorstellung von allem, was außerhalb der USA liegt. So schenken wir uns Germany mit »Alt-Heidelberg«, fahren per Schiff quer über den See, um den die Pavillons von 12 Ländern angeordnet sind, nach Nippon und wandern um den halben See herum zurück zum Ausgang. Dabei schauen wir uns Japan, Marokko, Frankreich, England und Kanada an. Beeindruckend, wie die Kanadier sich darauf beschränken, in einem Rundum-Panorama-Kino den Besuchern die atemberaubende Schönheit ihres Landes zu präsentieren. Zum Finale trinken wir in Mexiko noch einen Kaffee bei exotischer Musik und gelangen problemlos zu unserem Wagen.

Noch eine Nacht in unserem Motel, und nach einem kräftigen amerikanischen Frühstück nehmen wir die US 27 unter die Räder, rollen südwärts und erreichen nach knapp drei Stunden den großen, rund fünfzig Kilometer im Durchmesser aufweisenden Binnensee Lake Okeechobee; der Name stammt aus der Sprache der Muskogi-Indianer und bedeutet soviel wie »Großwasser«. Wir folgen seinem Südwestufer etwa zwanzig Kilometer, biegen dann nach Osten ab und erreichen über den Florida Turnpike (Autobahn) am Nachmittag Fort Lauderdale; eine erlebnisreiche Vier-Tage-Tour liegt hinter uns.

Ein Faulenzertag ist angesagt. Einzige Anstrengung ist ein lockeres Mixed-Tennismatch mit einem netten Ehepaar aus dem Staate Pennsylvania. Auch am folgenden Tag wollen wir uns noch ein wenig erholen. Wir fahren daher nur nach Port Miami, wo wir das zur Zeit noch größte Kreuzfahrtschiff der Welt, die »Norway«, beim Auslaufen beobachten wollen. Die Sache verspätet sich um Stunden, so haben wir hinreichend Gelegenheit zum Fotografieren und Filmen, wobei fünf Musikdampfer gleich mit einbezogen werden. Großartige Filmaufnahmen gelingen mir mehrfach, als wassernde und startende Flugboote eine etwa einhundert Meter breite Lücke zwischen der »Norway« und der »Sunward«, einem anderen Kreuzfahrer, durchfliegen. Mein Interesse ist geweckt. Eine Anfrage im nahegelegenen Office der Chalk Airlines ergibt, daß diese Amphibienflugzeuge von Fort Lauderdale aus über Miami, Nassau und Bimini Island die Bahamas bedienen. Bimini Island, davon hatte Tucker Abbott doch als Eldorado für Taucher geschwärmt. Noch am Abend wird an der Hotelrezeption für Montag, den 23. Februar (letzte autolose Woche), 7.00 Uhr Hin- und 16.45 Uhr Rückflug gebucht.

Für den nächsten Tag aber steht ein Ausflug durch die Kanäle von Fort Lauderdale, dem Venedig der USA, auf dem Programm. Man sollte wissen, daß Fort Lauderdale, von der Einwohnerzahl her knapp halb so groß wie Wuppertal, innerhalb seiner Stadtgrenzen über ein Wasserstraßennetz von 435 Kilometern Länge verfügt. Und über die schönsten und eindrucksvollsten dieser Kanäle führt die Fahrt mit unserer »Jungle Queen«, der im Stil alter Mississippi-Dampfer aufgemachten Dschungelkönigin. Ruhig gleitet das imposante Schiff vom Anleger weg zunächst in die Millionaires Row, deren betuchte Anlieger für ihre Anwesen stolze Summen in Millionenhöhe aufgewendet haben. Selbstverständlich liegt vor jedem Grundstück eine Motor- oder Segelyacht – zuweilen sogar beides.

Nachdem wir uns an prächtigen Villen sattgesehen haben, geht's um eine scharfe Ecke, und vor uns taucht ein schon zur Region Everglades gehörendes Indianerdorf auf, bei dem wir anlegen. In einer Wassermulde führt ein Indianer einen Ringkampf mit Alligatoren vor; außerdem werden jede Menge Souvenirs angeboten – kurzum, der übliche Touristenrummel läuft ab. Auf der Weiterreise passieren wir kilometerlange Riesenhangars, Endlosbootsschuppen, in denen mehrstöckig Milliardenwerte an Yachten untergebracht sind. Wir erfahren, daß die Stadt etwa 600000 Wasserfahrzeuge registriert hat. In Miami sollen es an die anderthalb Millionen sein. Auch hier amerikanische Dimensionen.

Wendepunkt der Fahrt ist eine der zahlreichen Klappbrücken, von denen die Kanäle überspannt werden. Es ist genau diejenige, vor der wir mit dem Wagen häufig warten müssen, wenn wir zu unserem Supermarkt wollen. Nun sehen wir sie einmal von der Wasserseite. Die Rückfahrt geht über fast die gleiche Strecke und endet bei herrlichem Sonnenuntergang an der Anlegestelle.

Nach einem eingeschobenen Ruhetag steht als nächste Unternehmung ein Ausflug in die Everglades auf dem Programm, in jenen gigantischen rund 130 mal 70 Kilometer messenden Staatsnaturschutzpark im Südwesten Floridas. In diesem riesigen Areal hat man der subtropischen Flora eine ungehinderte und von Menschenhand in keiner Weise beeinflußte Entfaltungsmöglichkeit geboten und damit gleichzeitig der Fauna – in erster Linie Vögeln und Wassergetier wie Alligatoren und Schildkröten – ein wahres Eldorado an freier, unberührter Wildnis gelassen.

Machen wir uns auf den Weg. Über den Florida Turnpike und die Staatsstraße 27 gelangen wir westlich von Homestead an den Haupteingang zum Park. Im Info-Zentrum versorgen wir uns mit Kartenmaterial, weiteren sehr guten – sogar in Deutsch verfügbaren – Unterlagen sowie dem als unbedingt notwendig angepriesenen Anti-Mosquito-Spray, welches sich im nachhinein im Monat Februar als überflüssig erwies – »big business« auch hier.

Verschiedene Startpunkte für Fußwanderungen werden nacheinander angefahren; sie sind in geschickter Weise so angelegt, daß jeweils unterschiedliche Eindrücke und Überblicke gewonnen werden können. Die Wanderwege verlaufen zum Teil mitten durch ein abseits vom Pfad undurchdringliches Schlingpflanzengewirr – ein wahrer Dschungel – und an anderer Stelle über sogenannte Trails, solide, mit Geländer versehene Bretterstege, über die man auch bei größeren Ansammlungen von Alligatoren gefahrlos gehen kann. Neben diesen im Gegensatz zu den grünen Krokodilen, schwarzbraunen Echsen und etlichen Schildkröten, fallen immer wieder die Wasservögel auf. Sie sind in einer Vielzahl vorhanden, wie wir sie sonst nirgendwo auf der Welt zu Gesicht bekommen haben. Hier sind vor allem die majestätischen Pelikane zu nennen. Aber es gibt auch alle Arten von Sumpfhühnern, Fischreihern und weiteren in Europa nicht heimischen Schilf- und Sumpfbewohnern. Ausruhepunkte für unterschiedlichstes Getier sind die sogenannten »Hammocks«, inmitten der weiten Sumpf- und Schilflandschaft verstreute, aus dem sonst flachen Gelände herausragende Bauminseln.

Wir haben während eines Tages einen recht informativen Ausschnitt aus der Unendlichkeit der Everglades gesehen. Verzichtet haben wir, durch Bekannte, die Florida wiederholt kreuz und quer durchreist haben, vorgewarnt, auf eine Fahrt mit den berühmten »Air Boats«. Diese von ein oder zwei Luftschrauben angetriebenen großen Gleitboote machen einen fürchterlichen Lärm, jede Verständigung unmöglich und scheuchen die Wasservögel von ihren Rast- und Brutplätzen auf. Eine Attraktion, die man sich getrost schenken kann, ohne etwas versäumt zu haben. Versäumt haben würde man dagegen wunderbare und unvergeßliche Eindrücke und Erinnerungen, hätte man Florida besucht und die Everglades ausgelassen.

Und nun machen wir uns daran, den südlichsten Punkt des US-amerikanischen Festlandes anzusteuern. Wobei man über den Begriff »Festland« in diesem Zusammenhang streiten könnte, schließlich sind die »Keys«, um die es hier geht, nichts anderes als eine sich über rund 180 Kilometer erstreckende, durch mehr oder minder gewaltige Betonbrücken verbundene Inselkette.

Das Endziel heißt vorerst Key West. Richten wir unser Augenmerk also auf die Straße, die uns bis etwa 30 Meilen unterhalb Miami schon recht vertraut erscheint. Doch dann geht es südöstlich über Dammbrücken nach Key Largo. Zwei besondere Charakteristika sind zu Key Largo anzumerken: Erstens ist es, wie schon der Name andeutet, die größte Insel der Kette, und zweitens findet man hier mit dem der Ostküste vorgelagerten »John Pennekamp Coral Reef Underwater Park« eine ausgesprochene touristische Attraktion. Ich bin für derartige Exkursionen allerdings zu sehr Individualist, als daß ich mich einer sich im Gänsemarsch an der Wasseroberfläche entlangbewegenden Schnorchlerschlange anschließen wollte. An dieser Sehenswürdigkeit sind wir also ganz einfach vorbeigefahren.

Von den Keys auf dem Hinweg sollen nur einige der Namen erwähnt werden: Islamorada, Matecumbe Key, Marathon, durch die fast schon legendäre »Seven Mile Bridge« (rund elf Kilometer) verbunden mit Bahia Honda und Big Pine. Damit sind wir schon ziemlich weit südlich, und bald geht es über Sugar Loaf Key und Boca Chica Key hinein nach Key West, unserem eigentlichen Ziel.

Nun gilt es nur noch eine Bleibe für zwei Nächte zu finden, was wir angesichts des großen Angebots an Motels für nicht schwer halten. Von wegen: Als unbedarfte Europäer haben wir natürlich keine Ahnung von der Anziehungskraft, die Key West auf das 200-Millionen-Volk der US-Amerikaner und darüber hinaus auf die Globetrotter aus aller Welt ausübt. Kurz, nach dem 12. Motel bin ich dicht vor Resignation und Aufgabe. Dann werde ich als letzte Möglichkeit an das Info-Center verwiesen. Und hier hat man sogar noch eine Rarität in petto: eine 90-Dollar-Herberge in einem schicken Conch House, wie die im spanischen Kolonialstil errichteten Häuser hier genannt werden. Der Ausdruck Conch hat hier mehrere Bedeutungen: Einmal ist es die amerikanische Bezeichnung für die Gattung Flügelschnecken (*Genus strombus*), zweitens nennen sich die Bewohner von Key West so und zum dritten ist es auch der Name für ihre weißgestrichenen Holzhäuser. Ein universeller Begriff!

Was aber ist nun Key West? Es ist das ehemalige Domizil von Ernest Hemingway; sein »Katzenhaus« und seine Stammkneipe »Sloppy Joe's Bar« erfreuen sich eines permanenten Zuspruchs von Touristen. Gleiches gilt für das reizende Haus des berühmten Vogelforschers und Malers Audubon. Zu nennen ist noch das Museum von Mel Fisher. In ihm hat der bekannte Taucher und »König der Schatzsucher« seine Goldmünzen, Silberbarren und Juwelen ausgestellt, die er von den 1662 gesunkenen spanischen Galeonen »Nuestra Señora de Atocha« und »Santa Margarita« geborgen hat. Außerdem machen wir die unerläßliche Fahrt mit einem der Glasbodenboote zu den Korallenriffen. Krone des Key-West-Normalbesuchers ist dann ein Abend am Mallory-Pier. Dort befindet man sich in einer riesigen Menschenmenge, läßt sich von Musikanten, Gauklern und jeder Art von Originalen unterhalten und wartet auf den Sonnenuntergang; der erweist sich dann als überwältigend schön.

Ich hingegen wollte mehr von Key West, ich wollte Muscheln und Schnecken. Und der Schutzpatron aller Muscheltaucher ist mir hold. In einer abgelegenen Bucht der Atlantikseite versuche ich mein Glück. Die äußeren Bedingungen sind geradezu optimal: kristallklares, ruhiges Wasser, Sichtverhältnisse hervorragend, Wassertemperatur 27° C, Einsamkeit und absolute Stille.

Zunächst will ich mich unten nur ein wenig umschauen und mit der Bodenbeschaffenheit vertraut machen, finde aber sogleich ein bildschönes Tritonshorn der Art *Cymatium femorale* (Winkliges Tritonshorn). Ich verstaue es in meinem Gürtelnetz und steige zum Luftholen nach oben. Beim Abtauchen stoße ich direkt auf zwei Exemplare *Busycon contrarium* (Linksgewundenes Spindelhorn), und zwar kleineren und mittleren Formats. Nun muß ich erst an Land schwimmen und meine Beute in die Obhut meiner Frau geben. Doch beim dritten Versuch und weiteren Tauchgängen geht es dann Schlag auf Schlag: Erst fördere ich eine kleine Löwentatze (*Lyropecten nodosa*) und anschließend noch eine zweite Muschel derselben Spezies mit 12 Zentimetern Durchmesser im oberen Größengrenzbereich an die Oberfläche (später sollte ich erfahren, daß diese Schale an der Conchilienbörse mit über 100 Dollar gehandelt wird).

Doch ich weiß noch nicht, daß ich vor der Sensation meiner 17 Jahre als Muscheltaucher stehe. Der Fund der größten Schnecke meiner gewiß sehr umfangreichen Sammlung blieb ausgerechnet meiner letzten und abschließenden Tauchreise vorbehalten. Ich entdecke sie hinter einem abgestorbenen Korallenstock. Vor Überraschung verschlucke ich mich fast und muß schnell zum Luftauftanken nach oben. Wieder hinunter und ganz fest zugepackt; ich habe sie, und ihr Gewicht ist – trotz des Auftriebs im Wasser – recht beachtlich. An der Oberfläche erscheint sie um etliches schwerer. Ich reiße den Schnorchel vom Mund und jubele laut. Stattliche 35 cm Länge (Maximalgröße 60 cm), das will auch psychisch erst einmal verarbeitet sein.

Als Abschluß unseres Besuchs in Key West planen wir noch einen Ausflug per Wasserflugzeug (Wasserversion der bereits aus dem Grand Canyon bekannten Cessna Stationair für fünf Passagiere) zu der gut einhundert Kilometer südwestlich gelegenen Inselgruppe Dry Tortugas (Trockene Schildkröten genannt, weil es auf den Eilanden kein Frischwasser gibt).

Der Flug ist schnell gebucht, und am nächsten Morgen werden wir um 8.00 Uhr mit dem Wagen abgeholt. »My name is Brad and I'm your pilot«, stellt sich uns ein drahtiger Vierziger vor. Schon brausen wir über die spiegelglatte Wasserfläche und gehen dann in ziemlich steilem Winkel rasch auf Reiseflughöhe. Der Pilot beginnt über das Bordmikrofon sofort mit interessanten Erklärungen. Bald überfliegen wir ein kleines Bergungsschiff mit einer längsseits liegenden Pontonplattform und erfahren, daß hier die Schatzsuchertruppen von Mel Fisher bei den spanischen Wracks am Werk ist.

Kaum eine Dreiviertelstunde ist vergangen, da taucht vor uns die Insel Garden Key mit dem sechseckigen roten Festungskomplex des legendären Fort Jefferson auf. Brad dreht vor malerischem Panorama eine fliegerisch beachtenswerte Runde und wassert dann am Sandstrand. Die Maschine ist im Handumdrehen vertäut, und uns steht der Tag, nachdem uns Plastikboxen mit Fanta und Cola überreicht worden sind, bis 16.00 Uhr zur freien Vergügung.

Zunächst einmal schauen wir ins Fort hinein, wo uns im Informationsraum ein Tonband auf Knopfdruck mit der Geschichte des Nationaldenkmals Fort Jefferson vertraut macht. Wir erfahren beispielsweise, daß der Bau der Festung aus militärischer Sicht eine Fehlkonstruktion war, weil die Backsteinmauern den bereits erfundenen Artilleriesprenggranaten nicht standzuhalten vermochten. So diente die Festung lange Jahre als Gefängnis und dient heutzutage nur noch vaterländischer Erinnerung. Das Beeindruckendste an der ganzen Besichtigung ist der weite Blick über die verstreut liegenden Inselchen, die wir beim Rundgang über die vom Sternenbanner überflatterten Festungsmauern und -wälle sehen.

Eindrucksvoll sind aber auch die herrlichen Tauchmöglichkeiten in einer dem Golf von Mexiko zugewandten Bucht des Forts. Das amerikanische Naturschutzgesetz verbietet hier die Entnahme lebender Muscheln und Schnecken.

Also heißt es, sich ausschließlich auf leere Schalen und Gehäuse zu beschränken. Dabei kommt mir wieder der durch langjährige Unterwasserpraxis entwickelte »sechste Sinn« zustatten. Bereits beim dritten Abtauchen gelingt mir ein schöner Fund; es handelt sich um eine offensichtlich leergefressene, guterhaltene *Cassis tuberosa* (Königshelmschnecke), wodurch diese Art in meiner Sammlung auf zwei Exemplare aufgestockt wird. Dann bin ich fast eine Stunde lang ergebnislos unterwegs und merklich enttäuscht. Eine Erholungspause ist angezeigt und wird von meiner Frau auch dringend gefordert.

Nicht nur mit frischen Kräften, sondern auch mit sofortigem Erfolg geht es in die zweite Runde: In zwei Tauchgängen bringe ich vier Schneckengehäuse nach oben, die bislang in meiner Kollektion noch fehlten und heute die Florida-Vitrine zieren; zweimal ein Stück mittlerer Größe der Spezies *Strombus gallus* (Hahnenschwanzflügelschnecke) und zwei Exemplare der *Strombus raninus* (Falkenflügelschnecke). Meine Begeisterung und Zufriedenheit sind so groß, daß ich alle weiteren Aktivitäten abbreche und die restliche Zeit bis zum Rückflug faulenze.

Das Wassern unseres Flugzeugs in Key West wird zum Abschluß noch von einem geradezu märchenhaften Sonnenuntergang umrahmt. Und dann sind sie vorüber, die schönen Tage von Key West. Nordwärts rollen wir wieder abwechselnd über die Straßen der Keys und über die sie in zuweilen kühner Weise verbindenden Brücken. Einundvierzig dieser zum Teil gewaltigen Konstruktionen hat meine Frau registriert. Sie fährt, und ich halte alles Sehenswerte mit der Filmkamera fest.

Am Nordende von Bahia Honda legen wir noch einen Zwischenstop ein, dort, wo die schier endlos wirkende Seven Mile Bridge die elf Kilometer messende Lücke bis zur Insel Marathon zu überspannen beginnt. Gedacht war der Aufenthalt eigentlich nur zum störungsfreien Filmen. Aber wer könnte der stillen, verlockenden Bay widerstehen? Ich kann es nicht. Und der Erfolg? Zwei bildschöne Muscheln der Art *Cyrotopleura costata* (Engelsflügel), gefunden in recht schlammigem Grund, und vom nahegelegenen Riff ein paar Brocken der ziemlich seltenen »Blauen Koralle«. Damit ist die Taucherei, was Florida angeht, beendet.

Bekanntlich gibt es immer noch ein allerletztes Mal. Das, so war es geplant, sollte außerhalb der Vereinigten Staaten stattfinden, und zwar auf den Bahamas. Doch erst einmal müssen wir wieder unser Hotel in Fort Lauderdale erreichen, wo wir zwei Ruhetage einlegen und einige dringende Post erledigen. Als ich zu einem Hotelbriefbogen greife und das eingedruckte Schneckenemblem sehe, das sämtliche Visitenkarten, Briefbogen, Rechnungsformulare und sogar die »Betthupferlhüllen« ziert, wird mir erst recht bewußt, was ich mit der größten Schnecke meines Taucherdaseins in Key West eigentlich erbeutet habe: eine *Pleuroploca gigantea* (Riesenspindelhorn); sie ist das Wappentier des Staates Florida und unter anderem auch auf Briefmarken zu finden.

Und nun wird es feierlich. Vor mir liegt der Start zur letzten Tauchreise, die einen Lebensabschnitt von 17 Jahren, angefüllt mit Aktivitäten, Weltreisen, Abenteuern und Erfahrungen mannigfaltigster Art abschließen wird.

Es ist 7.00 Uhr und noch relativ kühl. Wir werden von den Chalks Airlines für den Flug nach Bimini Island, Bahamas, abgefertigt. Das Amphibienflugzeug Marke Grumman hatten wir vor zwei Wochen im Hafenbecken der Kreuzfahrtschiffe in Miami bei seinen eleganten Start- und Landemanövern bewundern können; hier, auf dem Trokkenen, wirkt es eher klobig und plump. Vertrauen wir uns den für den ständigen Wechsel zwischen Land- und Wasserlandungen hervorragend ausgebildeten Piloten der Chalk Airlines an.

Wir fliegen südwärts und bald an den sauber aufgereihten Hotelkästen von Miami Beach entlang. Der Anblick bestärkt uns in unserer Meinung, daß wir dort auf keinen Fall einen Urlaub verbringen möchten. Die Maschine setzt zum Wassern an; unter der rechten Tragfläche beobachten wir, wie ein Rad des Fahrwerks per Teleskophydraulik ausgeklappt wird, und schon rollt das Flugboot nach einer 90°-Wendung die schräge Betonböschung aus den Fluten hoch. Der ganze Airport ist ein Karree von maximal 50 mal 50 Metern. Unser Wasservogel dreht seine Nase zum Hafenbecken, läßt Passagiere aus- und neue einsteigen, lädt und entlädt Gepäck, und schon rollt er wieder behutsam ins feuchte Element. Beide Motoren volle Kraft rauschen wir an fünf großen Kreuzfahrtschiffen entlang und hängen nach einem Bilderbuchstart wieder in der Luft. Nun sind wir schon alte Routiniers und sehen den weiteren Manövern mit Gelassenheit entgegen.

Bimini Island, westlichste, etwa einhundert Kilometer von Miami entfernt gelegene Insel der Bahamas. Zur Begrüßung folgen umständliche Formalitäten in einer »Custom/Immigration« (Zoll und Einreise) überschriebenen Baracke. Dann stehen wir zunächst einmal etwas verloren herum. Auf meine Frage nach Tauchmöglichkeiten sagt man uns, daß wir vom Flugplatz im Süden zur äußersten Nordspitze des Eilandes wandern müssen. Das ist in einer knappen Stunde geschafft. Aber die See ist hier sehr unruhig und alles andere als einladend. Daran kann auch der mittlerweile mit einem Breitreifenvehikel herangerollte »Beach Guard«, eine Art Strandranger oder Küstenpolizist, mit seiner Bemerkung: »Gestern war es noch spiegelglatt«, nichts ändern.

Ich lege meine Unterwasser-Amateur-Ausrüstung an und versuche mein Glück. Nach kurzem Kampf mit den Brandungswellen gelange ich in ein von mächtigen Unterwasserfelsen umsäumtes und damit gut abgeschirmtes Gebiet. Flora und Fauna sind in Ordnung, die Welt am Meeresboden lebt. Vorerst finde ich nur die üblichen kleinen Schnecken und Muscheln. Dann aber wird's interessant: Nicht weit voneinander entfernt entdecke ich die größten Exemplare ihrer Art, die ich bislang zu Gesicht bekommen habe: eine *Busycon contrarium* (Linksgewundene Spindelschnecke) von gut 20 cm Länge und eine *Cypraea cervus* (Hirschkauri) - mit 12 cm Länge die größte unter den Porzellanschnecken meiner Sammlung. Meine Freude steigert sich noch, als ich, trotz des hinderlichen Gürtelnetzes gut durch die

Brandung zurückgekehrt, am Strand erfahre, daß meine Frau ebenfalls erfolgreich gewesen ist; sie hat den breiten, mit Tausenden von Muscheln und Schnecken bedeckten Spülsaum, an dem es nach dem vorausgegangenen Weststurm viele frische Schalen und Gehäuse gibt, abgesucht und manch gut erhaltenes Stück gefunden.

Während der nächsten Stunden bin ich trotz aller Freude über den Erfolg ein wenig still und bedrückt. Schließlich war dies mein unwiderruflich letzter Tauchgang.

Auf dem Rückweg lassen wir uns Zeit und studieren Land und Leute; unsere Maschine geht erst um 16.00 Uhr, und so bleiben uns noch ein paar Stunden. Am Hafen fällt uns eine recht lange und hohe Mole ins Auge, die als Wellenbrecher ausschließlich aus Gehäusen von *Strombus gigas* (Königinschnecke, deren muskulöser Fuß als Delikatesse gilt) aufgeschüttet worden ist. Und nach Key West begegnen wir Ernest Hemingway hier ein zweites Mal. Zwei Männer sind mit Pinsel und Farbe dabei, das Haus zu verschönern, in dessen Räumen Hemingway einen Teil seiner unsterblichen Werke geschrieben hat und das ihm als Stützpunkt diente, von dem aus er seinem geliebten Hochseeangelsport nachging.

Bald wird es Zeit für den kurzen Weg zum »International Airport of Bimini«. Die Maschine steht schon bereit; Punkt 17.30 Uhr landen wir auf einem wirklichen »International Airport«, dem von Fort Lauderdale.

Abends kommt bei kalifornischem Wein Abschiedsstimmung auf; der Montag der letzten Woche ist schon fast vorbei. Noch zwei Tage ausruhen und in Erinnerungen schwelgen. Wahrhaftig, wir können durchaus zufrieden sein.

Donnerstag, 26. Februar 1987. Es ist 6.30 Uhr. Schlaftrunken fahre ich hoch; meine Frau hat mich geweckt. »Schau dir das an«, meint sie und zieht mich hinaus auf den Balkon. In ständig sich verändernden Orangetönen zeigt sich uns ein herrlicher Sonnenaufgang. Regungslos stehen wir und bestaunen dieses wunderbare Naturschauspiel. Dann hole ich Fotoapparat und Filmkamera, um noch etwas von der Szenerie einzufangen und für später festzuhalten. So vermag die strahlende Natur uns mit ihren glanzvollen Effekten am Abschiedstag noch das Herz schwerzumachen.

Um 18.05 Uhr starten wir mit der Lufthansa auf dem Miami International Airport zum Non-Stop-Rückflug nach Düsseldorf, wo wir am nächsten Vormittag um 8.55 Uhr Ortszeit eintreffen. Unsere letzte Fernreise, die zugleich eine der erlebnisreichsten war, hat ihr Ende gefunden.

Nachbemerkung

Der Reisebericht *Als Muscheltaucher um die Welt* ist beendet, der Kreis um den Globus von Contadora bis Hawaii fast geschlossen. Weshalb nur fast? Halten wir uns einmal das Koordinatensystem der Erde mit seinen Länge- und Breitengraden vor Augen und setzen zur Vereinfachung den Ausgangspunkt all meiner Reisen dem durch den Londoner Vorort Greenwich verlaufenden Nullmeridian gleich. Dann lagen die Reiseziele Biskaya, Kanarische Inseln, Florida, Karibik, Panama, Kalifornien und Hawaii westlich davon bis zum Längengrad 160 West. Die Reisen in östlicher Richtung führten über das Mittelmeer, die Seychellen, Bombay, Bangkok, die Philippinen, die Marianen mit Guam und die Karolinen mit Truk bis etwa zum Längengrad 150 Ost. Zwischen diesen Grenzpunkten blieb eine Restdistanz von 50 Grad oder 5000 Kilometern.

Die Datumsgrenze liegt ungefähr beim 180. Längengrad; überquert man sie von West nach Ost, gilt das gleiche Datum zwei Tage lang, in umgekehrter Reiserichtung wird ein Tag übersprungen. Diese markante Linie wurde auf keiner meiner Reisen überschritten; wie immer und überall im Leben, blieb auch hier ein Wunschtraum unerfüllt.

Anders war es dagegen mit dem Äquator. Die Grenze zwischen der nördlichen und der südlichen Halbkugel wurde insgesamt viermal passiert: 1938 mit dem Segelschulschiff auf dem Atlantik nach Süden und wieder nordwärts und das andere Mal 1980 per Düsenclipper in gleicher Weise hin und zurück über dem Indischen Ozean. Die zweite Passage allerdings war gekennzeichnet durch ein Höchstmaß an Komfort, die erste dagegen bei der Äquatortaufe durch Härte und Brutalität der Veranstalter und durch beachtliches Durchhaltevermögen der Betroffenen.

Trotz all meiner Reisen konnten einige Zielvorstellungen nicht verwirklicht werden. Da ist zuallererst das Great Barrier Reef zu nennen, das der Nordostküste Australiens vorgelagert ist und sich auf eine Länge von rund 2000 Kilometern erstreckt. Ein wahres Eldorado für Taucher – vom Anfänger bis zum »Professional«. Weil dort ein räuberischer Seestern, die »Dornenkrone«, die Korallenbänke plündert und in den Biotopen regelrechte Verwüstungen angerichtet hat, wurde ihr einziger Feind, die Schnecke *Charonia tritonis* (Tritonshorn) unter strengsten Naturschutz gestellt.

Ein weiteres für den Malakologen sehr interessantes Gebiet sind die Gewässer um die japanischen Inseln, besonders im Süden des Landes. In den dortigen Biotopen findet man eine ganze Reihe nur hier heimischer Arten von Schnecken und Muscheln. Gleiches gilt für das dritte von mir nicht bereiste Seegebiet, das Rote Meer. Besonders in seinem nördlichen Teil, bei Eilat, gibt es außergewöhnlich schöne Korallenbänke mit maritimem Leben von ausgeprägter Vielfalt.

Obwohl unerfüllte Wünsche wichtige Bestandteile des Lebens sind, sind sie nicht das Wesentliche. Mit dem Erreichten kann ich zufrieden sein. Und so habe ich versucht, meine Reiseerlebnisse in einem Buch festzuhalten, um anderen die weite Welt etwas näherzubringen, sie »am roten Faden der Taucherlebnisse« durch Ozeane und fremde Länder zu führen, voller Begeisterung über die Schönheit des Lebensraums unter Wasser zu berichten und so Neugier und Fernweh zu wecken. Ich wäre glücklich, wenn mir dies gelungen ist.

Anhang

Kleines Schnorcheltaucher-Brevier

Nachdem der Leser mich in diesem Buch auf Tauchfahrten in unterschiedlichste Regionen aller Ozeane dieser Welt begleitet hat, mag es für ihn auch interessant sein, etwas über die Möglichkeiten und Grenzen, Techniken und Risiken des Schnorcheltauchens zu erfahren. Daher nachfolgend das Wesentliche hierüber:

Anforderungen

Zunächst etwas über die Voraussetzungen, die man mitbringen sollte, wenn man nicht nur an der Wasseroberfläche »herumschnorcheln« und durch die Maske nach unten schauen, sondern tauchen und den Meeresgrund besuchen will.

Von der Physis her benötigen wir, neben einer wenigstens »normalen« Konstitution und Kondition:
- ein trainiertes Herz,
- einen stabilen Kreislauf,
- belastbare Lungen und
- intakte Ohren (Gleichgewichtssinn!).

Und wie sieht es mit der psychischen Basis aus? Ängstliche Menschen sind ebenso ungeeignet wie draufgängerische; desgleichen Menschen, die von Platzangst befallen werden, zur Panik neigen und vom Naturell her nicht ausgeglichen sind. Erforderlich sind dagegen Selbstdisziplin, die Bereitschaft zum kalkulierbaren Wagnis sowie Entschlußkraft zur Beherrschung unvorhersehbarer Situationen.

Wenn die kritische Selbstprüfung (im Zweifelsfall Konsultation eines Arztes) ergeben hat, daß alle geforderten Kriterien stimmen, kann man an die Beschaffung einer Ausrüstung denken.

Ausrüstung

Zunächst eine eindringliche Warnung: Wenn es um die eigene Sicherheit geht, sollte man Billigstprodukte meiden und nicht auf die Mark schauen; besser auf die Marke, und zwar auf eine renommierte. Gehen wir also in ein gutes Sportartikelgeschäft und sehen, was ein fachkundiger Verkäufer anzubieten hat; bedenken wir dabei, daß gute Sicht (Maske oder Taucherbrille), ungehindertes Atmen (Schnorchel) und bestmögliche Beweglichkeit (Flossen) die Schlüssel für das Tor zum Unterwasserparadies sind.

Maske

Für die Auswahl der Maske gilt als erstes: Hände weg von Masken mit oben angebautem Schnorchel und »Tischtennisballventil«, bei denen man durch die Nase ein- und ausatmen muß: Wenn Verunreinigungen (Sandkörner, Tang etc.) das Ventil blockieren, gibt es Atemnot und Sensationen!

Bei einer guten Maske nun ist es unwichtig, ob sie eine brillenartige Teilung aufweist oder ein durchgehendes Glas besitzt. Unabdingbar aber ist die eingearbeitete »Gumminase«, die ein Zukneifen unserer Nase mit Daumen und Zeigefinger zum Druckausgleich der Ohren ermöglicht. Wichtig ist ferner die Paßform der gesamten Maske, die einen einwandfreien luft- und wasserdichten Sitz gewährleisten muß. Man prüft ihn durch Andrücken der Maske an das Gesicht (ohne das Kopfband anzulegen!) und ruckartiges Einatmen durch die Nase. Die absolut dichte, das heißt gut anliegende Maske, haftet nach dem Loslassen fest am Kopf.

Ich habe während der 17 Taucherjahre meines Lebens zwei Masken gehabt. Nach zehn Jahren wurde das Gummi der ersten (mit durchgehendem Glas) trotz guter Pflege brüchig und porös. Die zweite (mit Einzelgläsern) ist heute noch brauchbar.

Schnorchel

Eng mit der Maske verbunden ist der Schnorchel. Man unterscheidet drei Grundtypen: den geraden j-förmigen Schnorchel, den mit einem flexiblen Zwischenteil zwischen Mundstück und Rohr und den (auch von mir) meistverwendeten und empfehlenswerten zweifach gebogenen Schnorchel, der dem Oval der Kopfform von Schläfe bis Kinnpartie angepaßt ist. Besonders zu achten ist außerdem auf ein gut ausgeformtes Mundstück aus Weichgummi.

Der Schnorchel sollte nicht zu lang sein, etwa 25 bis 35 cm. Er ist bei jeder Rückkehr an die Oberfläche die durch kräftiges Ausblasen des Wassers wiederhergestellte Verbindung zur lebensnotwendigen Atemluft. Hier ein paar Mark sparen zu wollen, wäre töricht.

Bleibt noch nachzutragen, daß der Schnorchel mit einem einfachen Halter (doppelt geschlungener Gummiring) in seinem oberen Drittel am Kopfriemen der Maske seitlich befestigt wird.

Flossen

Um es gleich vorwegzunehmen: Es gibt eine Unzahl der verschiedensten Flossen, von einfach bis superraffiniert; lange, überlange, mittlere und kurze, superbreite, starre, elastischere, solche mit Spezialverstärkungsrippen usw. Man sollte sich von der Vielfalt der Angebote nicht verwirren lassen und mehr auf Solidität achten. Hervorzuheben sind zwei grundsätzliche Unterschiede in der Konstruktion: Da ist zunächst die von Profis bevorzugte Flosse mit offener Hacke und Fersenriemen. Zu ihr gehören zum Schutz gegen scharfkantige Felsen, harte Korallen, Stiche von Kegelschnecken und vor der Berührung mit giftigen Quallen Neoprensocken. Für den Amateur reichen die auch vom Autor verwendeten Flossen mit geschlosenem Hackenbett aus. Sie bieten den erforderlichen Schutz der Füße und sind, wenn sie einwandfrei sitzen, bequem zu tragen und zu handhaben. Anfänger sollten vor allem nicht mit zu großen Flossen beginnen; der Kraftaufwand steht dann meist in keinem Verhältnis zum Erfolg.

Bleigürtel

Fortgeschrittene Schnorcheltaucher, die den Atem zwei Minuten und länger anhalten können, verwenden zur Verringerung des Körperauftriebs im Wasser Bleigürtel. Vom Erfordernis des Unten-bleiben-Wollens her wäre ein Schwebezustand wie bei einem getauchten U-Boot das angestrebte Optimum. Ein derartiges Ausbalanzieren ist einerseits nicht erreichbar, wäre andererseits aber auch zu gefährlich, weil dann der Aufstieg nur mit Hilfe von Schwimmbewegungen erfolgen könnte, nicht aber automatisch infolge des physikalischen Prinzips des Auftriebs.

Es gibt die verschiedensten Systeme. Als besonders praktisch betrachte ich Gürtel mit bis zu acht Einschubtaschen, in die entsprechend dem Körpergewicht mehr oder weniger Bleigewichte eingesteckt werden.

Wichtig ist der Sicherheitsschnellverschluß, der es ermöglicht, den Bleigürtel bei Gefahr blitzschnell abzuwerfen.

Kleidung

Allein mit Rücksicht darauf, daß ausdauernde Schwimmer bei Tauchexkursionen zuweilen ein bis zwei Stunden unterwegs und davon mehr als zwei Drittel der Zeit an der Wasseroberfläche sind, sollte man sich mit Schwimmhaube und T-Shirt gegen direkte Sonneneinstrahlung schützen. Besonders in der Kreuzgegend, die in Normallage nur eben vom Wasser überspült wird, kann durch die dünne Wasserschicht ein Brennglaseffekt entstehen. Taucherhandschuhe sind als Berührungsschutz unbedingt zu empfehlen. Unter Wasser sollte man nichts mit der bloßen Hand anfassen. Außerdem vergrößern sie die Handflächen und erleichtern so zusätzlich das Schwimmen.

Ausbildung

Der Autor hält es - obwohl selbst Autodidakt - für absolut sinnvoll und empfehlenswert, sich als Anfänger von erfahrenen Personen anleiten und trainieren zu lassen. Besser noch ist ein Kursus in einer Tauchschule. Kurzlehrgänge für das Schnorcheltauchen, die der Ausbildung zum Flaschentaucher in jedem Fall vorgeschaltet werden, lassen sich auch separat absolvieren.

Gefahrenmomente

Das Brevier bliebe unvollständig, würde es nicht auch kurz auf mögliche Gefährdungen des Tauchers eingehen. Absolut gefahrloses Tauchen gibt es nicht. Aber wo findet man schon totale Sicherheit? Jedenfalls sind für autofahrende Taucher oder tauchende Autofahrer die Chancen, im Straßenverkehr zu Schaden zu kommen, ungleich größer als bei Unterwasserexkursionen.

Mögliche Gefahrenquellen für den Taucher sind:
Starke und/oder wechselnde Meeresströmungen. Sie gehören zu den tückischsten Gefahren. Ratsam ist, in fremden Seegebieten, die für unberechenbare Strömungsverhältnisse bekannt sind, erfahrene Tauchführer in Anspruch zu nehmen. Im übrigen heißt es immer wachsam sein, sich am Ufer Merkpunkte (Felsen, Bäume, Häuser) zu wählen und, wenn diese, obwohl man der Küste zuschwimmt, kleiner zu werden scheinen, sich sofort auf den Rückweg zu machen - solange man noch frisch und bei Kräften ist.
Hochgiftige Kegelschnecken und Quallen. Zur Vermeidung von Tauchunfällen mit diesen Meerestieren sind sorgfältiges Studium der einschlägigen Literatur und die daraus gewonnenen Erkenntnisse unabdingbare Voraussetzungen. Ansonsten heißt es auch hier: Vorsicht! Im Zweifelsfall sollte man um Unbekanntes immer einen großen Bogen machen!
Giftstachelige Fische (z. B. Stein- oder Feuerfisch). Hier gilt das zuvor Gesagte gleichermaßen. Besondere Sorgfalt ist geboten, wenn man im Glauben, eine Schnecke entdeckt zu haben, einen Sandhügel abräumen will; es könnte sich auch ein Steinfisch darunter versteckt haben!

Giftige Seeschlangen. Zum Glück ist die Wahrscheinlichkeit einer Begegnung mit diesen Meeresbewohnern relativ gering. Aber auch hier gilt: Vorsicht und auf Distanz bleiben!
Muränen und Haie. Muränen sitzen meist in Felsspalten und greifen Menschen nur an, wenn sie gereizt werden oder außergewöhnlich hungrig sind. Amateurtaucher haben in haiverseuchten Gebieten nichts zu suchen und sollten sie strikt meiden!

Taucherlebnis Unterwasserwelt

Lassen wir uns auch durch die zuletzt geschilderten Gefahrenmomente nicht abhalten, uns in einem maximalen Tiefenbereich bis etwa acht oder gar zehn Metern die stille und ungeheuer beeindrukkende Welt unter der Meeresoberfläche zu erschließen. Ich bin zutiefst davon überzeugt, daß mir ein ganz wesentliches Stück meines auch sonst keineswegs langweiligen Lebens entgangen wäre, hätte es die 17 wundervollen, mit fantastischen Erlebnissen ausgefüllten Taucherjahre nicht gegeben.

Jules Verne beschreibt schon 1870 in seinem Buch *Zwanzigtausend Meilen unter dem Meeresspiegel* die faszinierende Unterwasserwelt voller Engagement, obwohl er sie selbst niemals erlebt haben dürfte. Nach seiner Meinung sind Worte nicht imstande, sie auch nur annähernd auszumalen, diese perfekte Farbensymphonie, dieses Kaleidoskop in Grün, Gelb, Orange, Violett, Indigo und Blau. Da ist die Rede von der klaren Deutlichkeit in der Nähe, von allmählichem Dunklerwerden und dem schemenhaften Sichauflösen im Ultramarin der Ferne. Er begeistert sich an maritimem Pflanzen- und Tierleben, beschreibt Korallen, Seeanemonen und Schwämme, zählt Polypen, Muscheln, Krebse, Seesterne und Fische auf, kurz, er schwelgt in seiner Vorstellung von der stillen, zauberhaften und verzaubernden Welt in den Tiefen unserer Ozeane. – Es lohnt sich, sie auch tatsächlich kennenzulernen und zu erforschen!